汽车维修综合技能训练

（初、中级）

主　编　覃雨亮
副主编　覃　波　甘堂忠
参　编　殷维清　韦耀华　唐湘萍
　　　　吴东财　杨子安　杨秀志
主　审　汤一帆

天津出版传媒集团
天津科学技术出版社

图书在版编目（CIP）数据

汽车维修综合技能训练：初、中级 / 覃雨亮主编
. — 天津：天津科学技术出版社，2017.7
 ISBN 978-7-5576-3263-2

Ⅰ.①汽⋯ Ⅱ.①覃⋯ Ⅲ.①汽车－车辆维修 Ⅳ.
①U472.4

中国版本图书馆 CIP 数据核字（2017）第153419号

责任编辑：郑　新

天津出版传媒集团

天津科学技术出版社

出版人：蔡　颢
天津市西康路 35 号　邮编 300051
电话（022）23332674
网址:www.tjkjcbs.com.cn
新华书店经销
三河市文阁印刷有限公司印刷

开本 787×1092　1/16　印张 12.75　字数 300 000
2017 年 7 月第 1 版第 1 次印刷
定价：32.00 元

前　言

本教材是汽车维修初、中级工培训用教材，由汽车维修专业骨干教师共同编写完成，教材从强化培养操作技能，掌握实用技术的角度出发，对于提高从业人员基本素质，掌握汽车修理工初、中级知识与技能有直接的帮助和指导作用。本教材是根据汽车维修从业人员的职业技能需求，结合职业学校汽车维修专业人才培养方案和课程标准，结合企业及国家相关考评标准，为满足培训学员自主学习、培训教师的教学需求为目的而编写的社会培训教材。本教材可作为汽车维修工（初、中级）职业技能培训与鉴定考核教材，可供本职业从业人员培训使用，也可供全国职业技术院校相关专业师生参考使用。

本教材在编写中根据本职业的工作特点，以能力培养为根本出发点，采用项目学习任务化的编写方式，全书共分为5个项目21个学习任务，内容包括：汽车维修职业道德、汽车维修操作前的基本准备、发动机模块的维护与检修、底盘模块的维护与检修、汽车常见故障诊断与排除。

在编写本培训教材的过程中，我们采用理论与实践相结合的编写模式，把相关理论知识及方法的学习和工作任务的实施这两个环节与过程有机结合在一起，突出学员专业技能、岗位需求和职业能力的培养，体现"以学员为主体、以考证为导向"的培训观，具有较强的针对性和实用性。

本书由覃雨亮任主编，覃波、甘堂忠任副主编，殷维清、韦耀华、唐湘萍、吴东财、杨子安、杨秀志任参编。教材编写分工如下：覃雨亮编写了学习项目三的学习任务6、7、8、9，覃波编写了学习项目一汽车维修职业道德和学习项目四的学习任务1、2、3，甘堂忠编写了学习项目二的学习任务1和学习项目五的学习任务1、2、3，殷维清编写了学习项目五的学习任务4、5，韦耀华编写了学习项目三的学习任务1、2，唐湘萍编写了学习项目三的学习任务3、4，吴东财编写了学习项目四的学习任务4、5，杨子安编写了学习项目二的学习任务2，杨秀志编写了学习项目三的学习任务5。全书由覃雨亮和覃波统稿、修改、校对，汤　帆主审。

由于编写时间仓促，书中难免有不足之处，敬请广大读者提出宝贵的意见和建议，以便修订时加以完善。

编　者

目 录

项目一　汽车维修职业道德 …………………………………………………………… 1

项目二　汽车维修操作前的基本准备 …………………………………………………… 7
　学习任务1　常用工、量具的认识和使用 ………………………………………… 9
　学习任务2　举升机的使用方法 …………………………………………………… 24

项目三　发动机模块的维护与检修 ……………………………………………………… 31
　学习任务1　汽车发动机三滤的检查与更换 ……………………………………… 33
　学习任务2　发动机冷却液和制动油液的检查与更换 …………………………… 44
　学习任务3　汽车发动机正时皮带的检查与更换 ………………………………… 51
　学习任务4　火花塞的检查与更换 ………………………………………………… 58
　学习任务5　喷油器的检修与清洗测试 …………………………………………… 66
　学习任务6　电动燃油泵的检修 …………………………………………………… 74
　学习任务7　点火线圈的检修 ……………………………………………………… 83
　学习任务8　曲轴位置传感器的检修 ……………………………………………… 96
　学习任务9　节气门位置传感器的检修 …………………………………………… 102

项目四　底盘模块的维护与检修 ………………………………………………………… 114
　学习任务1　离合器踏板自由行程的调整 ………………………………………… 115
　学习任务2　驻车制动器的检测与调整 …………………………………………… 122
　学习任务3　轮胎的检查与更换 …………………………………………………… 130
　学习任务4　前轮前束的检测与调整 ……………………………………………… 140
　学习任务5　转向系统的检查与紧固 ……………………………………………… 149

项目五　汽车常见故障诊断与排除 ……………………………………………………… 159
　学习任务1　发动机水温过高的故障诊断与排除 ………………………………… 161
　学习任务2　起动机不工作的故障诊断与排除 …………………………………… 167
　学习任务3　发电机充电指示灯常亮的故障诊断与排除 ………………………… 175
　学习任务4　汽车喇叭不响的故障诊断与排除 …………………………………… 184
　学习任务5　发动机无法起动的案例分析 ………………………………………… 190

参考文献 …………………………………………………………………………………… 196

项目一
汽车维修职业道德

一、职业道德基本知识

什么是职业？职业就是人们在社会中所从事的、以此为生的具有特定职责的专门性工作。职业的特征一是谋生的手段，即必需性；二是职责特定，即专门性。

职业道德是指人们在从事某种职业、履行职责过程中，在思想和行为上所必须遵循的行为准则和道德规范的总和。

职业道德行为养成的途径和方法有：
1. 在日常生活中培养；
2. 在专业学习中训练；
3. 在社会实践中体会；
4. 在自我修养中提高；
5. 在职业活动中强化。

二、汽车维修工职业道德规范

规范是标准或准则的意思。在社会中有各种各样的规范，道德规范是社会规范的一种，它是调整人们之间以及个人与社会之间关系，判断人们行为善恶的准绳。不同职业有不同的职业道德规范，汽车维修工职业道德规范是汽车维修工所必须遵循的行为标准或准则，它的基本内容主要有以下5个方面。

1. 服务用户、质量第一

汽车维修，顾名思义就是为托修方提供服务。在汽车维修行业中，汽车维修一般可分为对外与对内两种服务形式。对外服务是指具备一定的技术力量、生产设施和经营规模的汽车维修工厂，专门对外承接汽车维修业务。对内服务是指一些拥有汽车维修手段的企事业单位，以维护、修理本单位的汽车为主的业务活动。汽车维修对外服务与对内服务，虽然在工作的内容上无多大区别，但前者属于生产经营性活动，后者不具有这种性质。当然，对外服务与对内服务并非绝然分开，而是交叉、重叠的，有的是以对外服务为主，有的是以对内服务为主，有的则是两种服务并存。

在服务过程中，为用户提供优质服务，是汽车维修职业道德规范的首要内容。

（1）树立服务思想。树立"服务为本，用户至上"的思想，在汽车维修职业活动实践中，汽车维修职业者应把用户的利益放在首位，事事为用户着想，处处为用户提供方便，即使是对内服务，也要做到"修车人要想到开车人"。

一般情况下，用户修车一是要求质量好，二是要求维修期限短，三是要求维修费用低。这就要求：汽车维修各工种之间要紧密配合、互相协调，要严格按照维修作业计划保质保量地完成，按期交付使用。维修时，要减少材料消耗，降低修车成本。作为汽车维修职业者来说，要发扬"急用户之所急，想用户之所想"的精神，即使加班加点，也要千方百计在限定时期内完成维修任务。总之，尽量满足用户的需要是汽车维修职业者应有的职业道德素养。

（2）坚持质量第一。汽车维修质量，可以从两方面来反映，一是汽车维修的工作质量；二是汽车维修的车辆质量。工作质量是车辆质量的保证，车辆质量是工作质量的体现。

1）不断提高汽车维修的工作质量。为了确保工作质量，汽车维修行业根据长期的工作实践，总结制订出一系列技术规范、操作规程等方面的标准和要求，从客观上保证了工作质量。比如，车辆技术管理规定中对车辆维护应贯彻预防为主、强制维护的原则，并规定了车辆维护作业的内容主要是清洁、检查、补给、润滑、紧固与调整等。除主要总成发生故障必须解体维修外，其它不进行解体维护。对车辆修理应贯彻视情修理的原则，即根据车辆检测诊断和技术鉴定的结果，视情按不同作业范围和深度进行，坏啥修啥，既要防止拖延修理造成车况恶化，又要防止提前修理生成浪费。这些原则的规定都是为一个目的，就是要向客户提供技术性能良好、整旧如新、经济、优质的车辆。然而要达到这个目的，就需要维修工自觉地严格按照工艺要求去完成每项作业，否则是很难达到预期目的的。

2）确保汽车维修的车辆质量。在汽车维修过程中，大至各类总成，小至一个螺栓螺帽，无不与汽车的安全行驶密切相关。只有确保了车辆质量，才能保证车辆安全行驶，因此，汽车维修职业者要充分明确质量与安全的紧密联系。

要做到确保车辆质量，除了每一汽车维修职工都要严格按照工艺规范要求进行操作，保证本岗位工作质量外，汽车维修厂更要加强检验，不让有丝毫不符合质量要求的车辆出厂。

2. 遵章守纪、文明生产

人们在职业活动中，总是发生直接或间接的联系，企业为了维持和协调人与人之间的相互关系，使生产得以顺利进行，制订了各项规章制度，规定什么样的行为可以做，什么样的行为不可以做。显然，规章制度也是一种行为规范。然而，它与职业道德规范不同的是，规章制度是通过企业制订的，而职业道德规范则是通过舆论形成的。规章制度具有外在的强制力，靠组织和行政的力量来维护，违反规章制度，是要受到相应的处罚，而职业道德规范主要是以社会舆论和内心信念起作用。要做到认真执行各种规章制度，坚持文明生产，不仅需要规章制度的强制力来调节，同时也需要有职业道德的力量来支持与保障，如果每一个汽车维修人员都把遵章守纪、文明生产变为自己的道德信念，自觉地将其作用于自己的行为规范，那么企业规章制度的维护、文明生产的推行就有了可靠的保障。

（1）自觉遵章守纪。汽车维修是一种劳动力密集型的生产活动，其生产过程中各个环节的衔接，各工种的协调，主要依靠人们的行为联系。规章制度是汽车维修企业为维护正常的生产秩序而对从事该项职业活动的人们提出的带有强制性的行为规范。规章制度在汽车维修企业集中表现为劳动纪律。劳动纪律要求从业人员必须遵守作息制度，服从生产指挥和调配。遵守工作时间制度，是保证生产正常进行的基本条件；服从生产指挥和调配则是协调整个生产的必要条件。因此，自觉遵章守纪是汽车维修职业者应有的职业道德品质。

可能有人会认为强调了纪律，就会没有自由。其实自由和纪律是对立的统一，是互相制约、互为条转的，纪律是自由的保证，没有纪律，也就没有自由。所谓绝对自由，在现实世界中是根本不存在的。对那些有损于公共利益的所谓"自由"，纪律确实是一种限制和约束力量。这种限制是必要的，因为它最大限度地保证了大多数人的自由。俗话说，"不依规矩，不成方圆"。如果没有纪律的约束，每个人只顾自己的个人自由，不顾别人的自由，其结果必定是你妨碍了他人的自由，反过来，他人的自由又限制你的自由，闹得大家都没有自由。所以，那种把纪律和自由对立起来的观点，无论在理论上，还是在实践上，都是站不住脚的。

（2）坚持文明生产。文明生产，就是按照生产的客观规律进行生产活动。坚持文明生产可以使汽车维修井然有序、管理有条不紊、环境优美协调、厂容整洁卫生。如果不讲文明生产，野蛮操作，必定会造成生产混乱，管理无序，环境污秽，事故频繁，维修质量难以保证。

汽车维修人员在工作中要做到文明生产，就要在维护、修理车辆过程中，做到着装整洁，遵守工艺规范和操作规程，使用文明用语，并注意保持工具、设备、配件、车辆和工作场所的整洁卫生。维修人员在这样的环境中工作，充满安全感和舒适感，有利于提高工作效率，有利于促进车辆维修质量的提高。

坚持文明生产，还要求汽车维修职业者做到安全生产。在我们社会主义制度的国家里，人是最宝贵的。在搞好生产的同时，保障职业者的生命财产的安全，既是社会主义企业的首要任务，也是社会主义汽车维修职业者应该自觉遵守的道德规范。因为大家都明白，一次违章操作，一个微小的差错，就有可能造成安全事故；丢扔一只烟蒂可能会引起重大火灾；电焊时不注意安全也可能会引起爆炸，造成财产损失，甚至危及生命安全。因此，汽车维修工人在进行操作时，一定要按照安全制度的规定，做到安全操作。

坚持文明生产还是忽视文明生产，也是衡量汽车维修职业者道德规范的内容之一。

因为文明生产不仅会影响到产品的质量,而且会影响到职工以及企业周围人民群众的身体健康。心中有没有文明生产的概念,行动上是不是按照文明生产的要求去做,直接反映着汽车维修职业者的道德水平的高低。

3. 钻研技术、开拓创新、能者为师

汽车维修职业道德要求全心全意为用户服务。从汽车维修的职业活动的实践来看,要做好本职工作,光有为用户服务的良好愿望,显然是不够的,还要掌握过硬的维修技术和熟悉与本工种相关的业务知识。要做到这一点,就需要刻苦地学习,勤于钻研,努力提高自己的文化水平和技术技能。

(1) 刻苦钻研技术。知识是人类进步的结晶,科学技术是推动历史前进的巨大力量。在现代企业中,科学技术对生产过程的渗透日益广泛和深入,科学技术越来越迅速地转化为巨大的生产力,转化为社会财富。我国入世后,世界先进的车辆和制造技术不断引进国内,对一个汽车维修工来说,不吸取新的知识,刻苦钻研生产技术,提高自己各方面的素质,是汽车维修工人是否有理想、有志气、有抱负的标志之一,也是评价其汽车维修职业道德水平高低的一个重要方面。

(2) 努力开拓创新。宇宙万事万物的发展,都是无穷无尽的,人类的探索和创新,也是无穷无尽的。人类在与自然界和自身作斗争的过程中不断地有所发现、有所发明、有所创造、有所前进,不断地否定旧事物,向着新的目标奋进。汽车维修行业也是如此,要做到努力开拓创新,应该立足自己的本职岗位,敢于探索,勇于创新,始终保持高涨的进取精神,迎接世界范围内的新技术革命的挑战。

要做到努力开拓创新,就必须破除墨守成规的思想,不能过去怎么做,我就照着做;必须充分发挥21世纪青年人的特点:思维敏捷,思想解放,接受新事物快,精力充沛,有民族自尊心和振兴中华的愿望。必须积极投身到改革伟业中去,勤于探索与创造,努力使自己成为本行业的开拓型人才。

4. 团结协作、尊师爱徒

团结协作、尊师爱徒是根据汽车维修行业的特点,结合汽车维修工作的特性提出的道德规范之一,它是集体主义原则在汽车维修职业道德中的具体体现。

(1) 发扬互助精神。团结互助作为社会主义职业道德的一项重要内容,它是社会主义道德的精髓,是与集体主义原则血肉相连的,是社会主义职业道德的一个重要组成部分。

在汽车维修行业,我们通常所说的汽车维修工实际上包括汽车机工、汽车钣金工等十多个工种,这些工种一般分为若干个小组协同作业,目的是为用户、开车人提供经过维护、修理后的优质车辆。因此,相互协调、紧密配合十分重要。只有搞好团结,发扬风格,密切配合,才能更好的保质保量地完成维修任务。要搞好团结,必须注意做到相同岗位上的工人之间要相互关照、相互帮助;不同岗位职工之间要热情相待,宽以待人,严于律己。同行之间以及有关行业之间要互相理解,相互支援,一切以大局、全局为重,要发扬助人为乐、勇挑重担的精神,不为细碎冗杂的小事所左右,创造一种融洽、和谐的氛围。这样就能鼓舞人们的劳动情绪,增进职业活动的效能,提高维修工作的效率。

(2) 建立新型师徒关系。社会主义新型师徒关系,是指师徒双方要做到互尊互爱,师傅要悉心地传授技艺,关心徒弟在德、智、体各方面都得到发展;徒弟则要尊重师傅,虚心向师傅学习。无论师傅,还是徒弟,都要把建立社会主义新型师徒关系看作是保证社会主义汽车维修职业能够不断地延续,持久地发展,后继有人的高度来认识。

我们国家历来就有尊师爱徒的传统,互帮互学,取人之长,补己之短。一方面,徒弟要尊重师傅。这是协调师徒关系的一个重要原则,也是师徒之间最主要的道德规范。尊重师傅,要尊重师傅的人格,对师傅不能无礼、傲慢;要真诚地接受师傅的教育、帮助和指点;要虚心向师傅学习生产技术。因为师傅的文化程度即使不高,但他经过几十年的实践和磨炼,具有丰富的生产经验和良好的职业作风,是值得徒弟好好学习的。

另一方面,师傅也要帮助、爱护和关心徒弟,对徒弟要传技术、帮思想、带作风。

5. 热爱企业、勤俭节约

社会主义职业道德还要求每个从业人员热爱自己的企业,热爱本职工作,时刻关心企业的兴衰,处处注意维护企业的利益,爱护企业的声誉。热爱企业、勤俭节约是汽车维修职业道德规范中的一个重要组成部分。

(1) 培养爱岗敬业思想。要热爱企业,以厂为家。爱护企业的生产设备、工具,注意定期对设备进行保养、修理,按照使用规定进行操作,对生产工具存放整齐。

要爱护企业的声誉。认真做好自己的本职工作,做到保质保量地完成生产任务;不做有损企业声誉的事,同有损企业声誉的人和事作斗争;在与用户交往中,要做到不收受礼品,不吃、拿、卡、要,按合同规定按时按质履约,对用户的特殊要求,要尽量满足,使用户高兴而来、满意而归。

要具有正确的劳动态度。要求汽车维修工以正确的态度对待自己所从事的职业劳动,努力培养对它的感情,热爱汽车维修行业,树立起职业荣誉感,从而在职业活动中发挥更大的积极性和创造性。只有这样,汽车维修工对自己所从事的职业劳动,才不再是一种外在的负担,而是充满乐趣的活动。

要关心企业的前途。了解企业的生产经营状况,将企业的兴衰荣辱与个人的利益紧密联系在一起,爱厂如家。积极开动脑筋,经常就企业的生产、管理提出合理化建议,为企业增产节约、增收节支、挖潜增能献计献策。

要自觉维护企业利益。就是要正确地处理个人、企业和国家三者之间的利益关系。要防止只顾本单位、本部门的小集体利益,化大公为小公,搞小团体主义,甚至不惜损害用户利益的错误倾向。在国家、集体、个人三者利益之间,我们首先要把国家利益放在首位,先国家,后集体,再个人。汽车维修行业作为一个服务性行业,在其经营活动中,要坚持经济效益和社会效益并举,不能只顾经济效益,而忽视社会集体利益,甚至损害他人利益。当经济效益与社会服务效益发生冲突时,要以社会服务效益为重，尽可能地使两者达到统一。

（2）养成勤俭节约习惯。在生产活动中，每一个职业劳动者都应该自觉地在自己的本职岗位上为国家和企业勤俭节约、精打细算。勤俭节约、精打细算不光体现一种职业责任感和职业良心，而且是一种有利于社会发展的道德力量，是社会主义劳动者应该具备的美德，也是爱厂如家这种优良作风的具体体现。

要做到精打细算、勤俭节约就要努力降低原材料费用，降低生产成本。汽车维修人员对厂里的每项设备、用具、零配件等都要爱护备至，要在保证车辆维修质量的前提下，尽量以最少的耗费取得最理想的成果，这也是为国家、为企业提供更多积累的一个重要途径。

项目二
汽车维修操作前的基本准备

汽车维修业是以汽车维护、检测、修理为主要服务内容的行业。随着道路运输业的高度发展，家庭轿车的不断普及，我国汽车保有量得以迅速增加，汽车维修业在国民经济发展中的地位日益提高，从事汽车维修行业人员也迅猛增加。为了保证维修人员会修车，能修好车，提高维修效益，我们必须具备基本的维修常识，能熟练使用常用的维修工、量具，娴熟操控举升机等维修设备。

本项目的学习任务可以分为：

学习任务1　常用工、量具的认识和使用

学习任务2　举升机的使用方法

学习任务1

常用工、量具的认识和使用

【任务描述】

在从事汽车维修工作中,不可避免地会使用到一些工、量具和专用仪器,而如何正确、有效地使用这些工、量具和专用仪器,提升汽车维修质量,提高工作效率,对工作人员乃至企业来说,是一件不可忽视而又意义重大的事情。现需要我们在规定的时间内认识并且能够正确使用汽车维修常用的工、量具和专用工具。

【学习目标】

一、知识目标
1. 能叙述汽车维修常见工、量具的功能;
2. 能叙述汽车维修常见专用工具的功能。

二、技能目标
1. 会正确使用汽车维修常见的工、量具;
2. 会正确使用汽车维修常见的专用工具。

建议学时:4学时

【知识准备】

一、汽车维修常见工具的使用和功能介绍

1. 扳手

扳手用来紧固或拆卸带有棱边的螺母和螺栓,常用的扳手有开口扳手、梅花扳手、套筒扳手、活动扳手、扭力扳手、内六角扳手等。

(1)开口扳手。开口扳手是最常见的一种扳手,又称呆扳手,如图2.1.1所示。其开口的中心平面和本体中心平面约成15°角,这样既能适应人手的操作方向,又可降

低对操作空间的要求。开口扳手用 45 号、50 号钢锻造,并经热处理。其规格是以两端开口的宽度 S(mm)来表示的,如 8～10、12～14 等。开口扳手通常是成套装备,有八件一套、十件一套等。

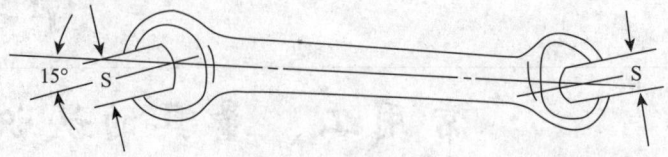

图 2.1.1　开口扳手

(2) 梅花扳手。梅花扳手两端是花环式的,孔壁一般是 12 边形。梅花扳手与开口扳手的用途相似,可将螺栓和螺母头部套住,扭转力矩大,工作可靠,不易滑脱,携带方便,如图 2.1.2 所示。使用时,扳动 30°后,即可换位再套,适用于狭窄场合下操作。与开口扳手相比,梅花扳手强度高,使用时不易滑脱,但套上、取下不方便。梅花扳手用 45 号钢或 40 号铬钢锻造,并经热处理。其规格以闭口尺寸 S(mm)来表示,如 8～10、12～14 等。梅花扳手通常是成套装备,有八件一套、十件一套等。

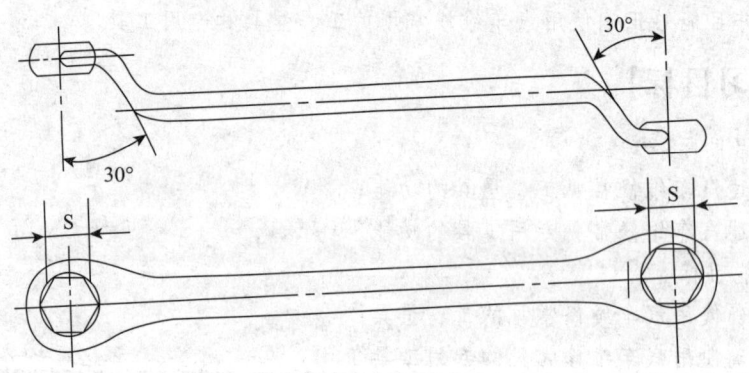

图 2.1.2　梅花扳手

(3) 套筒扳手。套筒扳手的材料、环孔形状与梅花扳手相同,适用于拆装位置狭窄或需要一定扭矩的螺栓或螺母,如图 2.1.3 所示。套筒扳手主要由套筒头、万向接头滑头手柄、棘轮手柄、快速摇柄、滑头手柄、接头和接杆等组成,各种手柄适用于各种不同的场合,以操作方便或提高效率为原则。常用套筒扳手的规格是 10～32 mm。在汽车维修中还采用了许多专用套筒扳手,如火花塞套筒扳手、轮胎螺栓套筒扳手、气门芯扳手、叉形凸像及转向螺母套筒扳手等,如图 2.1.4 所示。

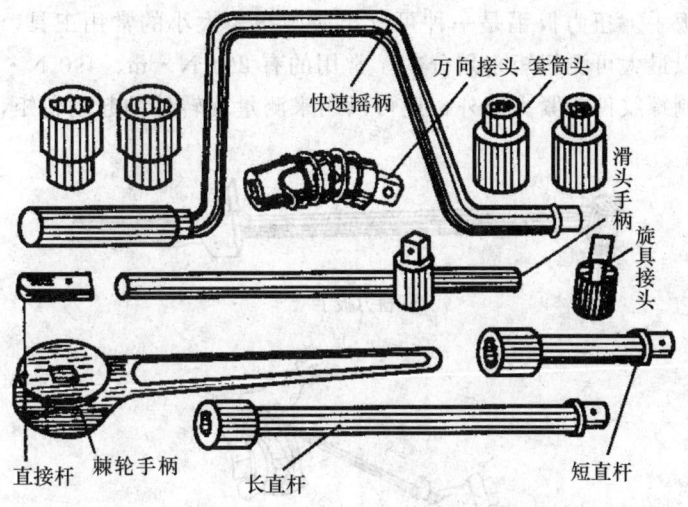

图 2.1.3 套筒扳手

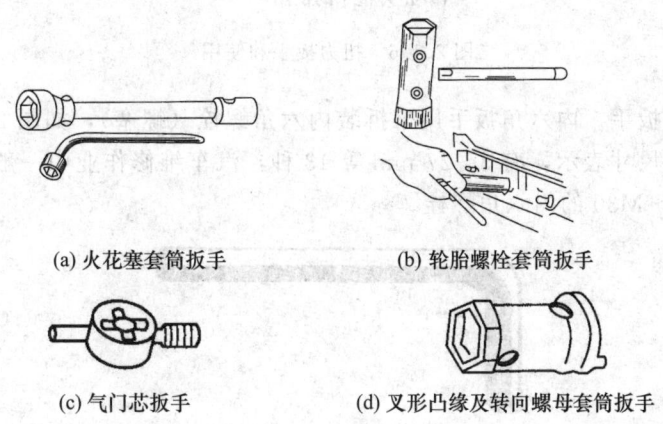

(a) 火花塞套筒扳手　　　(b) 轮胎螺栓套筒扳手

(c) 气门芯扳手　　　(d) 叉形凸缘及转向螺母套筒扳手

图 2.1.4 专用套筒扳手

（4）活动扳手。活动扳手开口尺寸能在一定的范围内任意调整，使用场合与开口扳手相同，但活动扳手操作起来不太灵活，如图 2.1.5 所示。活动扳手的规格是以最大开口宽度 S（mm）来表示的，常用的有 150 mm、300 mm 等，材料上通常是由碳素钢或铬钢制成的。

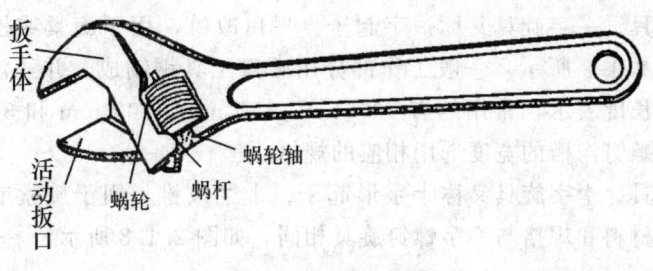

图 2.1.5 活动扳手

(5) 扭力扳手。扭力扳手是一种可读出所施扭矩大小的常用工具,如图 2.1.6 所示。其规格是以最大可测扭矩来划分的,常用的有 294 N·m、490 N·m 两种。扭力扳手除用来控制螺纹件旋紧力矩外,还可以用来测量旋转件的起动转矩,以检查配合、装配情况。

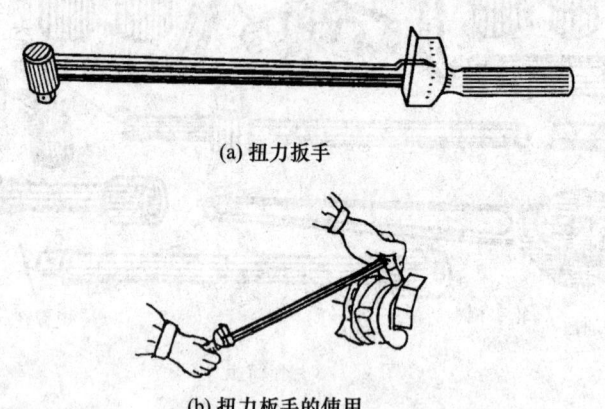

图 2.1.6　扭力扳手和使用

(6) 内六角扳手。内六角扳手用来拆装内六角螺栓(螺塞),如图 2.1.7 所示。规格以六角形对边尺寸表示,有 3～27 mm 等 13 种,汽车维修作业中一般使用成套内六角扳手拆装 M4～M30 的内六角螺栓。

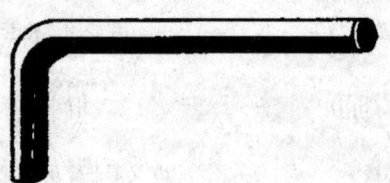

图 2.1.7　内六角扳手

2. 螺钉旋具

螺钉旋具,俗称螺丝刀,主要用于旋松或旋紧有槽螺钉。螺钉旋具简称旋具,根据其尖部形状可分为多种类型,每种类型按长度不同又可分为若干种规格。常用的旋具是一字旋具和十字旋具。

(1) 一字旋具。一字旋具又称一字起子、平口改锥,用于旋紧或松开头部开一字槽的螺钉,如图 2.1.8 所示。一般工作部分用碳素工具钢制成,并经淬火处理。其规格以刀体部分的长度表示,常用的有 100 mm、150 mm、200 mm 和 300 mm 等几种。使用时,应根据螺钉沟槽的宽度选用相应的规格。

(2) 十字旋具。十字旋具又称十字形起子、十字改锥,用于旋紧或松开头部带十字沟槽的螺钉,材料和规格与一字螺钉旋具相同,如图 2.1.8 所示。

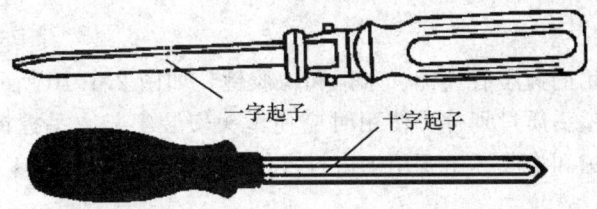

图 2.1.8 螺钉旋具

3. 钳子

钳子的基本功能是用来弯曲或安装小零件，剪断导线或螺栓等。钳子有很多类型和规格，如图 2.1.9 所示。

（1）鲤鱼钳。鲤鱼钳钳头的前部是平口细齿，适用于夹捏小零件；中部凹口粗长，用于夹持圆柱形零件，可代替扳手旋小螺栓、小螺母；钳口后部的刃口可剪切金属丝。由于钳体有通孔和销子，操作时钳口的张开度可变化，以夹持不同大小的零件，是汽车维修作业中使用最多的手钳之一。其规格以钳长来表示，一般有 165 mm、200 mm 两种，用 50 号钢制造。

（2）尖嘴钳。尖嘴钳头部细长，能在较小的空间内工作，刃口能剪切细小零件，使用时不能用力太大，否则钳口头部会变形或断裂。其规格以钳长来表示，常用 160 mm 一种。

在汽车维修中，应根据作业内容选用适当类型和规格（按长度分）的钳子，但不能用钳子拧紧或旋松螺纹连接件，以防止螺纹件被倒圆，也不可用钳子当撬棒或锤子使用，以免钳子损坏。

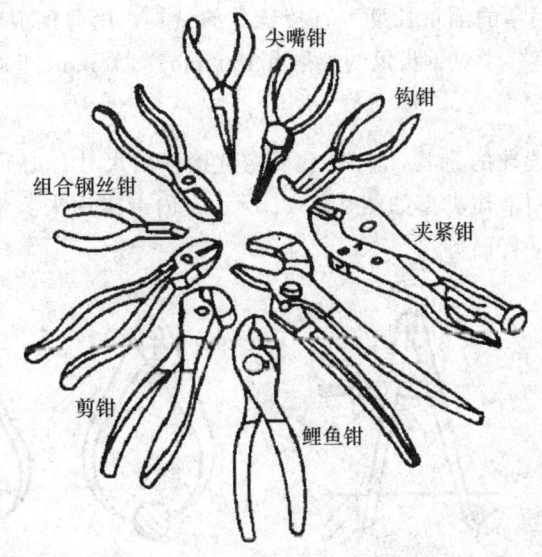

图 2.1.9 常用钳子类型

4. 锤子

汽车维修中常用的锤子有铁锤、木锤和橡胶锤，如图2.1.10所示。铁锤通常用工具钢制成，规格按锤头质量划分。使用时应使锤头安装牢靠，手握锤柄末端，用锤头正面击打物体。木锤和橡胶锤主要用于击打零件加工表面，以保护零件不被损坏。

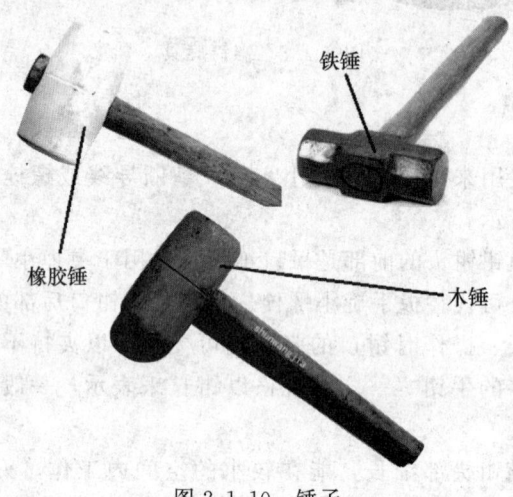

图2.1.10 锤子

二、汽车维修常见量具的使用和功能介绍

1. 钢板尺

钢板尺是一种最简单的测量长度可直接读数的量具，用薄钢板制成，常用来粗测工件的长度、宽度和厚度。常见钢板尺的规格有150 mm、300 mm、500 mm、1 000 mm等。

2. 卡钳

卡钳是一种间接读数的量具，卡钳上不能直接读出尺寸，必须与钢板尺或其他刻线量具配合测量。常用卡钳类型如图2.1.11所示，内卡钳用来测量内径、凹槽等，外卡钳用来测量外径和平行面等。

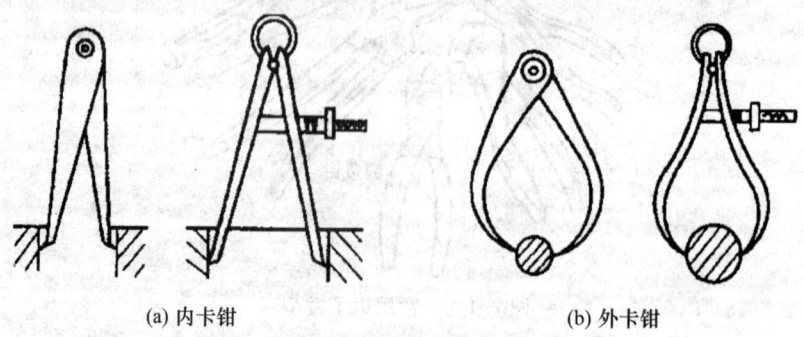

(a) 内卡钳　　　　　　　　(b) 外卡钳

图2.1.11 常用卡钳类型

3. 游标卡尺

游标卡尺主要用来测量零件的内外直径和孔（槽）的深度等，其精度分 0.10 mm、0.05 mm、0.02 mm 三种。测量前，应根据测量精度的要求选择合适精度的游标卡尺，并擦净卡脚和被测零件的表面。测量时将卡脚张开，慢慢推动游标，使两卡脚与工件接触后，紧固固定，禁止硬卡硬拉。使用后要把游标卡尺擦净并涂油后放入盒中。

游标卡尺由尺身、游标、活动卡脚和固定卡脚等组成。尺身上每一刻度为 1 mm，游标上每一刻度表示 0.10 mm。读数时，先读游标上"0"刻度线对应的尺身刻度线，再读游标上与尺身某刻度线对得最齐的一条刻度线数，测量的读数为尺身读数加上 0.1 倍的游标读数，如图 2.1.12 所示，读数为 17＋6×0.1＝17.60 mm。

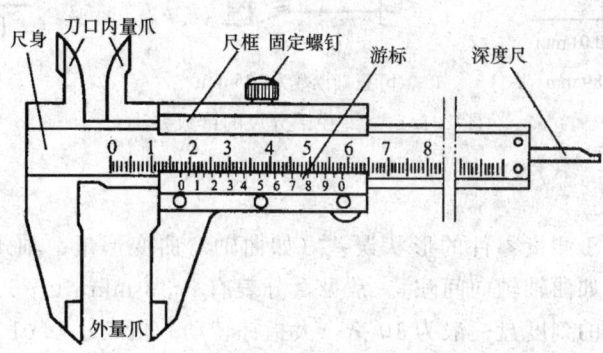

图 2.1.12 游标卡尺

4. 外径千分尺

外径千分尺是比游标卡尺更精密的量具，其精度为 0.01 mm。外径千分尺的规格按量程划分，常用的有 0～25 mm、25～50 mm、50～75 mm、75～100 mm、100～125 mm 等规格，使用时应按零件尺寸选择相应规格。外径千分尺的结构如图 2.1.13 所示。使用外径千分尺前，应检查其精度，检查方法是旋动棘轮，当两个砧座靠拢时，棘轮发出两、三声"咔咔"的响声，此时，活动套管的前端应与固定套管的"0"刻度线对齐，同时活动套管的"0"刻度线还应与固定套管的基线对齐，否则需要进行调整。

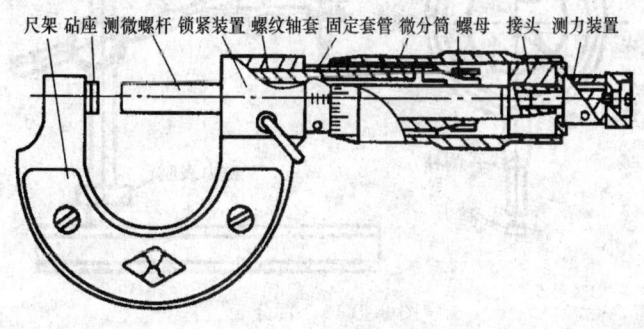

图 2.1.13 外径千分尺的结构

注意：测量时应擦净两个砧座和工件表面，旋动砧座接触工件，直至棘轮发出两、三声"咔咔"的响声时方可读数。

外径千分尺的读数方法如图 2.1.14 所示。外径千分尺固定套管上有两组刻线，两组刻线之间的横线为基线，基线以下为毫米刻线，基线以上为半毫米刻线；活动套管上沿圆周方向有 50 条刻线，每一条刻线表示 0.01 mm。读数时，固定套管上的读数与 0.01 倍的活动套管读数之和即为测量的尺寸。

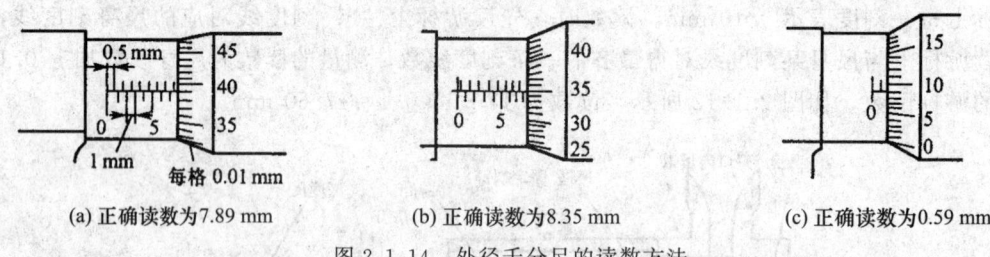

(a) 正确读数为 7.89 mm　　　(b) 正确读数为 8.35 mm　　　(c) 正确读数为 0.59 mm

图 2.1.14　外径千分尺的读数方法

5. 百分表

百分表主要用于测量零件的形状误差（如曲轴弯曲变形量、轴颈或孔的圆度误差等）或配合间隙（如曲轴轴向间隙）。常见百分表有 0～3 mm、0～5 mm 和 0～10 mm 三种规格。百分表的刻度盘一般为 10 格，大指针转动一格表示 0.01 mm，转动一圈为 1 mm，小指针可指示大指针转过的圈数。

在使用时，百分表一般要固定在表架上，如图 2.1.15 所示。用百分表进行测量时，必须首先调整表架，使测杆与零件表面保持垂直接触且有适当的预缩量，并转动表盘使指针对正表盘上的"0"刻度线，然后按一定方向缓慢移动或转动工件，测杆则会随零件表面的移动自动伸缩。测杆伸长时，表针顺时针转动，读数为正值；测杆缩短时，表针逆时针转动，读数为负值。

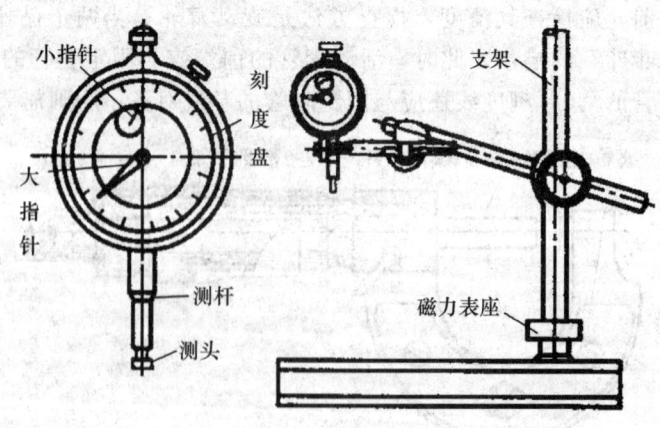

图 2.1.15　百分表

6. 量缸表

量缸表又称内径百分表，主要用来测量孔的内径，如气缸直径、轴承孔直径等。量缸表主要由百分表、表杆和一套不同长度的接杆等组成，如图 2.1.16 所示。

测量时首先根据汽缸（或轴承孔）直径选择长度尺寸合适的接杆，并将接杆固定在量缸表下端的接杆座上；然后校正量缸表，将外径千分尺调到被测汽缸（或轴承孔）的标准尺寸，再将量缸表校正到外径千分尺的尺寸，并使伸缩杆有 2 mm 左右的压缩行程，旋转表盘使指针对准零位后即可进行测量。

注意：测量过程中，必须前后摆动量缸表以确定读数最小时的直径位置，同时还应在一定角度内转动量缸表以确定读数最大时的直径位置。

7. 厚薄规

厚薄规又名塞尺，如图 2.1.17 所示，主要用来测量两平面之间的间隙。厚薄规由多片不同厚度的钢片组成，每片钢片的表面刻有表示其厚度的尺寸值。厚薄规的规格以长度和每组片数来表示，常见的长度有 100 mm、150 mm、200 mm、300 mm 四种，每组由 2～17 片钢片组成。

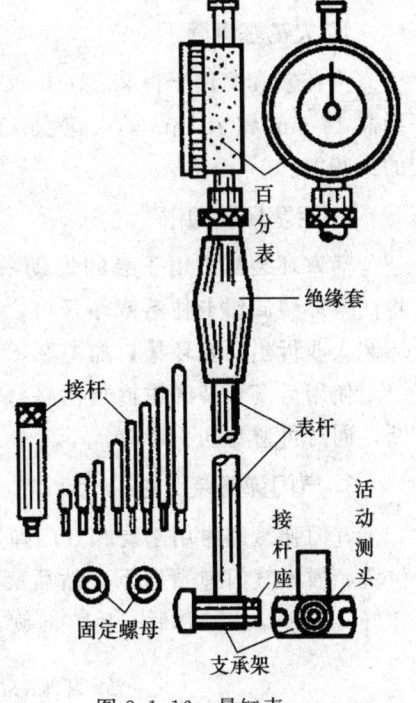

图 2.1.16 量缸表

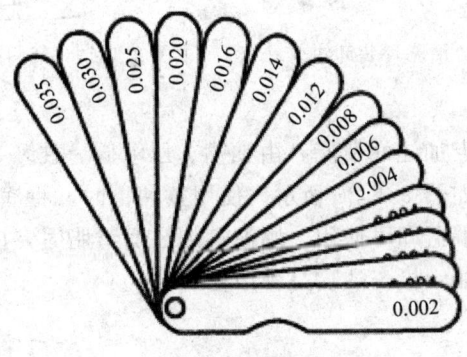

图 2.1.17 厚薄规

在汽车维修中，厚薄规常用来测量零件之间的配合间隙，如气门间隙、曲轴轴向间隙等。

三、汽车维修常见专用工具的使用和功能介绍

1. 火花塞套筒

火花塞套筒用于拆装发动机火花塞。套筒内六角对边尺寸为 22～26 mm 的，用于拆装 14 mm 和 18 mm 的火花塞；套筒内六角对边尺寸为 17 mm 的，用于拆装 10 mm 的火花塞。

2. 活塞环装卸钳

活塞环装卸钳用于装卸发动机活塞环，避免活塞环受力不均匀而折断。使用时，将活塞环装卸钳卡住活塞环开口，轻握手柄，慢慢收缩，活塞环就慢慢张开，将活塞环装入或拆出活塞环槽，如图 2.1.18 所示。

使用活塞环装卸钳拆装活塞环时，用力必须均匀，避免用力过猛而导致活塞环折断，同时可避免伤手事故。

3. 气门弹簧装卸钳

气门弹簧卸钳用于装卸气门弹簧，如图 2.1.19 所示。使用时，将钳口收缩到最小位置，插入气门弹簧座下，然后旋转手柄。左手掌向前压牢，使钳口贴紧弹簧座，装卸好气门锁（销）片后，反方向旋转气门弹簧装卸手柄，取出装卸钳。

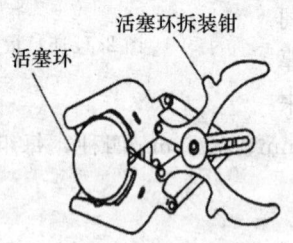
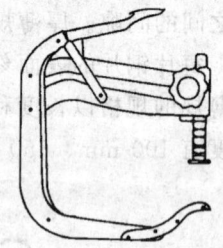

图 2.1.18　活塞环装卸钳　　　　图 2.1.19　气门弹簧装卸钳

4. 黄油枪

黄油枪用于各润滑点加注润滑脂，由油嘴、压油阀、柱塞、进油孔、杆头、杠杆、弹簧、活塞杆等组成，如图 2.1.20 所示。使用黄油枪时，将润滑脂小团小团地装入贮油筒，排除空气，拧紧端盖即可使用。用油嘴加注润滑脂时，应对正油嘴，不得歪斜。若挤不进油，应停止注油，检查油嘴是否堵塞。

图 2.1.20　黄油枪

具体使用方法如下:
(1) 填装黄油

1) 拉出拉杆使柱塞后移,拧下滑脂枪缸筒前盖。

2) 把干净黄油分成团状,装入缸筒内,尽量使黄油团之间相互贴紧,便于缸筒内的空气排出。

3) 装回前盖,推回拉杆,柱塞在弹簧作用下前移,使黄油处于压缩状态。

(2) 注油方法

1) 把黄油枪接头对正被润滑的黄油嘴,直进直出,不能偏斜。

2) 如注不进油,应立即停止,并查明堵塞的原因,排除后再进行注油。

(3) 不进油的主要原因

1) 缸筒内无黄油或压力缸筒内的黄油间有空气。

2) 压油阀堵塞或注油接头堵塞。

3) 弹簧疲劳过软而造成弹力不足或弹簧折断而失效。

4) 柱塞磨损过甚而导致漏油。

5) 油嘴被泥污堵塞而不能注入黄油。

5. 千斤顶

千斤顶是一种最常用、最简单的起重工具,按照其工作原理可分为机械丝杆式和液压式,如图 2.1.21 所示。通常工作中使用的有螺旋千斤顶、液压千斤顶和液压举升器。液压千斤顶用于举升汽车及其他重物。汽车常用液压千斤顶的举升力为 3 t、5 t、8 t 等。液压千斤顶的结构由顶块、螺旋杆、贮油筒、油缸、摇动手柄、压油柱塞、柱塞筒、进出油阀、油阀、螺塞和壳体等组成。

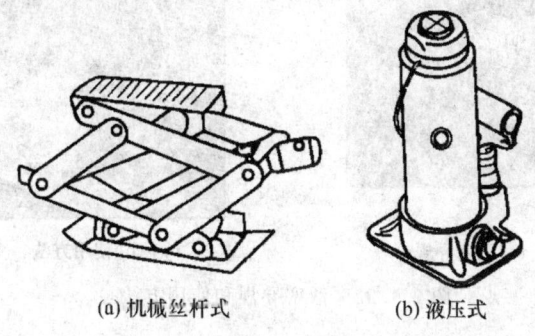

(a) 机械丝杆式　　(b) 液压式

图 2.1.21 千斤顶

(1) 液压式千斤顶使用方法。

1) 起顶汽车前,应把千斤顶顶面擦拭干净,拧紧液压开关,把千斤顶放置在被顶部位的下部,并使千斤顶与被顶部位相互垂直,以防千斤顶滑出而造成事故。

2) 旋转顶面螺杆,改变千斤顶顶面与被顶部位的原始距离,使起顶高度符合汽车需要的顶置高度。

3) 用三角形垫木将汽车着地车轮前后塞住,防止汽车在起顶过程中发生滑溜事故。

4) 用手上下压动千斤顶手柄,被顶汽车逐渐升到一定高度,在车架下放入搁车凳,禁止用砖头等易碎物支垫汽车。落车时,应先检查车下是否有障碍物,并确保操作人员的安全。

5) 慢慢拧松液压开关,使汽车缓缓平稳地下降,架稳在搁车凳上。

(2) 液压千斤顶使用注意事项。

1) 汽车在起顶或下降过程中,禁止在汽车下面进行作业。

2) 应慢慢拧松液压开关,使汽车缓慢下降,汽车下降速度不能过快,否则易发生事故。

3) 在松软路面上使用千斤顶起顶汽车时,应在千斤顶底座下加垫一块有较大面积且能承受压力的材料(如木板等),防止千斤顶由于汽车重压而下沉。千斤顶与汽车接触位置应正确、牢固。

4) 千斤顶把汽车顶起后,当液压开关处于拧紧状态时,若发生自动下降故障,则应立即查找原因,及时排除故障后方可继续使用。

5) 如发现千斤顶缺油时,应及时补充规定油液,不能用其他油液或水代替。

6) 千斤顶不能用火烘热,以防皮碗、皮圈损坏。

7) 千斤顶必须垂直放置,以免因油液渗漏而失效。

6. 活塞导规

安装活塞连杆总成时,将活塞导规套入活塞外圈并压缩活塞环,将总成套入缸孔,如图 2.1.22 所示。注意:装配时,先将活塞外圆及活塞环涂油,再小心套入。

(a) 活塞导规　　　　　　　　(b) 使用方法

图 2.1.22　活塞导规和使用方法

7. 滤清器扳手

滤清器扳手用于装拆各类滤清器,如图 2.1.23 所示。

图 2.1.23　滤清器扳手

项目二　汽车维修操作前的基本准备

【任务准备】

一、实施本学习任务的工、量具及材料准备

1. 宝骏 630 轿车。
2. 常见工、量具 2 套。
3. 专用工具 2 套。

二、工、量具及专用工具使用说明书的准备

【实施步骤】

一、知识部分：介绍汽车维修常见工、量具和专用工具的功能。

1. 汽车维修常见工具有哪些？分别有什么功能？

2. 汽车维修常见量具有哪些？分别有什么功能？

3. 汽车维修专用工具有哪些？如何正确使用？

4. 填写下表。

工、量具和专用仪器	名　称	工、量具和专用仪器	名　称
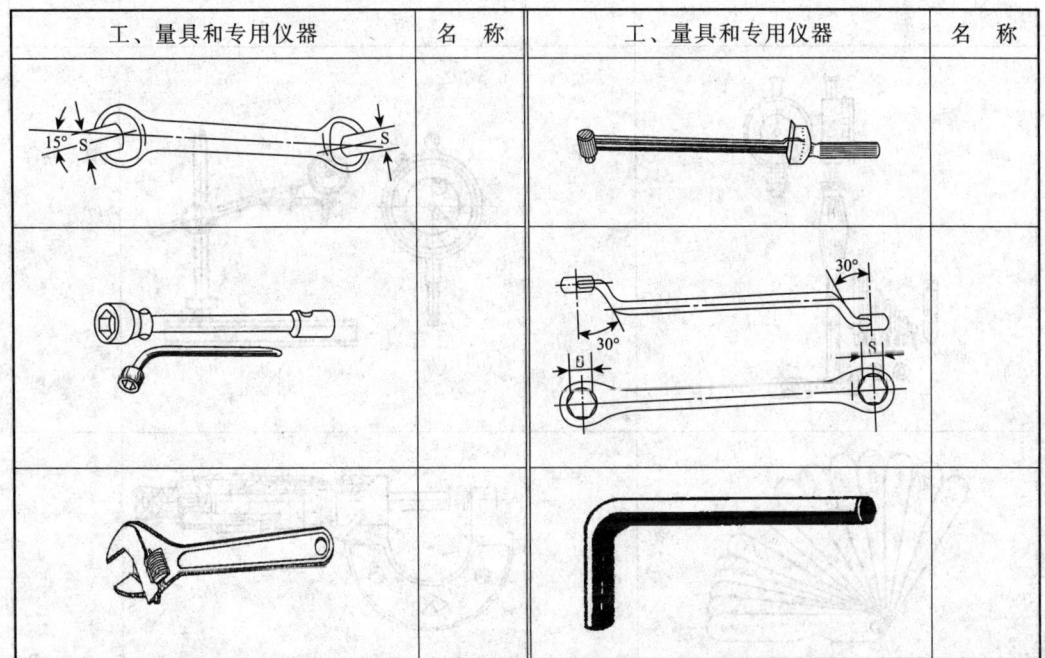			

21

续表

工、量具和专用仪器	名 称	工、量具和专用仪器	名 称

二、练习使用汽车维修常见工、量具和专用工具。

【评价与反馈】

对任务实施的完成情况进行检查,并将结果填入表2.1.1中。

表2.1.1 汽车维修常用工、量具的认识和使用

序号	考核项目	配分	考核内容	考核标准	得分
1	准备工作	10	实训设备及工具材料的准备	少准备一件扣2分,扣完10分为止	
2	口述相关知识	40	叙述汽车维修常见工具、常见量具、汽车维修专用工具的功能	每少叙述一个内容扣5分,扣完40分为止	
3	操作部分	40	使用汽车维修常见工、量具和专用仪器、专用工具	每错误一处扣5分,扣完40分为止	
4	安全文明生产	5	违反安全文明生产规程扣5分,若造成人身和设备安全事故的本次成绩计0分		
5	职业素养	5	1)学习态度:积极主动参与学习; 2)团队合作:与小组成员一起分工合作,不影响学习进度; 3)现场管理:服从工位安排,执行实训室管理规定。 以上不足之处酌情扣1~5分		
总分				—	

学习任务 2

举升机的使用方法

【任务描述】

一辆宝骏 630 轿车，行驶里程 5 000 km，已达到该车首保期限。现需要维修技工根据保养手册相关要求，正确操作举升机来完成首保各项目的检查或更换。

【学习目标】

一、知识目标
1. 能叙述举升机的作用和种类；
2. 能叙述举升机的操作注意事项。
二、技能目标
会操作举升机进行维修作业。
建议学时：2 学时

【知识准备】

一、举升机的作用及分类

汽车举升机是汽车维修行业运用非常广泛的维修设备。操作举升机把维修车辆举升到方便维修高度，减轻工作强度，提高维修效率，给维修人员带来了极大便利。会正确操作举升机更是一名汽车维修人员必不可少的技能要求。

举升机的种类繁多，按结构类型可分为立柱式举升机、龙门式举升机、剪式举升机和地沟式举升机。立柱式举升机又可分为单柱式举升机、双柱式举升机、四柱式举升机和多柱式举升机。从举升机的驱动类型来分，目前主要分为气动、液压、机械式三大类。下面我们主要学习和使用龙门式举升机和剪式举升机。

二、龙门式举升机的结构及操作要求

1. 龙门式举升机的结构

龙门式举升机的结构如图 2.2.1 所示，主要由底座、立柱、举升臂、平衡块、油管、储油罐、液压泵、液压泵开关和液压泵释放杆等组成。

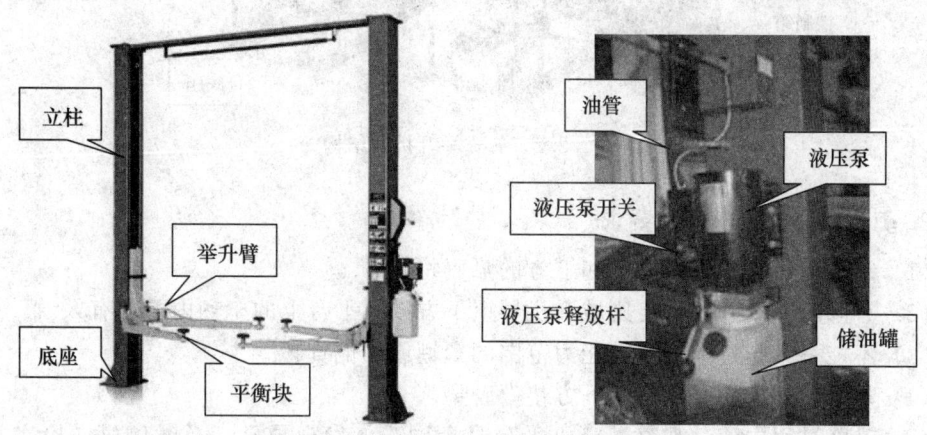

图 2.2.1　龙门式举升机的结构

2. 龙门式举升机操作使用要求

（1）举升臂应尽量缩到最小长度，举升胶垫应放在车辆推荐举升部位下面的中部，并调节举升胶垫以便均匀接触。

（2）先将举升臂升至举升胶垫完全接触车辆，检查是否已牢固负载。

（3）缓慢将车辆从地面升起确保平衡负载，再举升至所需工作高度。

（4）放开上升按钮，将车辆降低至安全保险位置，即可进行维修工作。

（5）放下车辆前应先举升车辆，将安全保险打开，再按下降按钮使车辆缓慢下降至举升臂放至最低为止，移开举升臂，驶出车辆。

三、剪式举升机的结构及操作要求

1. 剪式举升机的结构

剪式举升机的结构如图 2.2.2 所示，主要由底座、举升臂、安全保护装置、支撑板和控制箱等组成。

图 2.2.2 剪式举升机的结构

2. 剪式举升机操作使用要求

（1）工作前，排除机器周围和下方的障碍物。

（2）升降时，举升机规定区域和机器上下方以及平台上的车辆内不能有人。

（3）不能举升超过本机举升能力范围的车辆或其他货物。

（4）举升时，应在车辆底盘下方垫上胶垫。

（5）升降过程中随时观察举升机平台是否同步，发现异常，及时停机，检查并排除故障后方能投入使用。

（6）下降操作时，先将举升平台上升一点，注意观察两保险爪与保险齿间是否完全脱开，否则停止下降。

（7）机器长期不用时，平台应降到最低位位置，并开走车辆，切断电源。

【任务准备】

一、工、量具及材料的准备

1. 举升机、宝骏 630 轿车。
2. 常用工具、工具车。

二、工作流程的准备

1. 龙门式举升机的操作流程

操作前的准备——举升机空载试验——举升车辆——降下车辆

2. 剪式举升机的操作流程

操作前的准备——举升车辆——降下车辆

【实施步骤】

一、龙门式举升机的操作步骤，见表 2.2.1。

表 2.2.1　龙门式举升机的操作步骤

（1）操作前准备：实施 6S 管理，清除举升机周围杂物，保证场地整洁	（2）检查举升机外观是否正常，电源是否正常
（3）检查托臂锁止螺栓是否锁止，平衡块是否损坏 	（4）按下液压泵电源开关按钮，检查开关能否正常工作 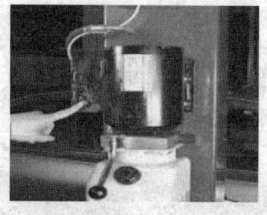
（5）观察两侧托臂是否同步平稳上升，能否听到机械安全保护装置发出"咔嗒"的撞击声。按下液压释放杆，检查安全装置能否锁止托臂 	（6）按下电源开关，将托臂升起少许后，快速拉下安全装置释放钢索，同时按下液压释放杆，观察托臂是否能平稳下降 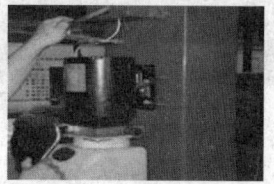
（7）将待升车辆驶入举升机中间位置，调整车辆符合举升要求。	（8）调整平衡块高度，保持平衡，并将托臂推入车底，找到合适的举升点，使平衡块定位槽对好举升点
（9）按下电源开关，升起托臂，当平衡块恰好顶到车辆时，检车平衡块定位槽是否套入车辆举升点。若位置不对则需重新调整 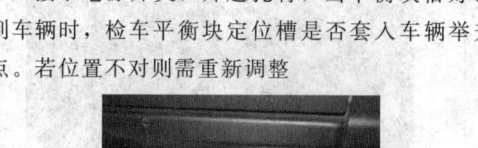	（10）待平衡块位置正确后，按下电源开关，将车辆升起大约 1m 的高度后，到车辆前部检查车身有无倾斜 
（11）将车辆举升至合适高度后，松开电源开关，按下液压释放杆，释放安全锁止装置	（12）按下电源开关，将车辆升起少许后，快速拉下释放钢索，并按下液压释放杆，将车辆缓慢降下，直至车辆安全平稳落地脱离平衡块后再松开液压释放杆。将托臂摆直并将车辆驶离工位

二、剪式举升机的操作步骤，如表2.2.2所示。

表2.2.2　剪式举升机的操作步骤

（1）操作前准备：实施6S管理，清除举升机周围杂物，保证场地整洁	（2）检查自锁安全保险是否有损坏、移位现象。检查相关线路、管路是否破损
（3）将待举升车辆驶入举升机支撑板，使车辆重心位于举升机中心	（4）安装并调整举升垫块至车辆规定的举升点
（5）接通电源，按下举升机控制箱上的UP（升）按钮举升车辆	（6）当举升垫块准备顶到车辆举升点时松开按钮，检查并调整垫块位置

（7）按下UP（升）按钮继续举升车辆，举升车辆至合适高度，按下LOCK（锁）按钮锁止举升机	（8）车辆维护或维修完毕后，按下DOWN（降）按钮降下车辆，直至车辆平稳落地。移走举升垫块，把车辆驶离工位
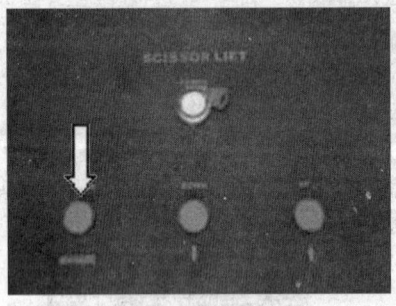	

【评价与反馈】

对本学习任务进行评价,如表2.2.3举升机的操作考核评分表所示。

表2.2.3 举升机的操作考核评分表

班级:_____ 组别:_____ 姓名:_____

序号	考核内容	配分	评分标准	得分	备注
1	作业前整理工位	10	酌情扣分		
2	检查举升机安全锁止装置	10	每漏一项扣10分		
3	检查举升机各功能按钮工况	20	每漏一项扣5分		
4	正确寻找车辆举升点	20	每漏一项扣5分		
5	举升车辆操作	10	操作不当扣10分		
6	锁止车辆操作	10	操作不当扣10分		
7	降下车辆操作	10	操作不当扣10分		
8	6S管理	10	操作不当扣10分		
9	遵守相关安全规范,因违规操作造成人身和设备事故的,总分按0分处理				
	分数合计				

项目三
发动机模块的维护与检修

发动机是汽车行驶的动力来源，是汽车最主要的总成，其技术状况的好坏直接影响到汽车的动力性、经济性和排放性能。由于发动机结构复杂，工作条件恶劣，导致其故障率较高，因此平时对汽车发动机的维护与检修就显得尤为重要。通过本项目的学习，学生应能准确讲述发动机的基本构造与工作原理，能对发动机进行基本的检查与维护，能检修发动机的常见故障。

本项目的学习任务可以分为：

学习任务1　汽车发动机三滤的检查与更换
学习任务2　发动机冷却液和制动油液的检查与更换
学习任务3　汽车发动机正时皮带的检查与更换
学习任务4　火花塞的检查与更换
学习任务5　喷油器的检修与清洗测试
学习任务6　电动燃油泵的检修
学习任务7　点火线圈的检修
学习任务8　曲轴位置传感器的检修
学习任务9　节气门位置传感器的检修

学习任务 1
汽车发动机三滤的检查与更换

【任务描述】

一辆宝骏 630 轿车,行驶里程 80 000 km,车主反映车辆出现行驶无力、润滑油报警灯亮的现象。经检查发现机油滤清器、空气滤清器、汽油滤清器严重脏堵。现需要维修技工按照车辆维修手册的相关要求,在规定时间内清洁或更换三滤,完成自检后交付验收。

【学习目标】

一、知识目标
1. 能叙述润滑油、机油滤清器、空气滤清器、汽油滤清器的作用;
2. 能叙述机油滤清器、空气滤清器、汽油滤清器的类型。
二、技能目标
1. 会使用专用拆装工具;
2. 能正确分辨和选择合适的润滑油;
3. 能按技术要求规范更换三滤、润滑油。

建议学时:6 学时

【知识准备】

一、润滑油概述

发动机润滑油,被誉为汽车的"血液"。发动机工作时,相对运动零件的摩擦表面需要均匀覆盖一层清洁的润滑油油膜,以减小摩擦力,减轻机件磨损,降低发动机功率消耗。如果润滑油达到规定使用里程(或时间)、润滑油变质或变脏,其润滑、冷却、清洗、辅助密封等作用将会降低或丧失。所以润滑油应按规定时间或行驶里程更换,否则将加剧机件磨损,缩短发动机寿命。

1. 润滑油的功用

(1) 润滑减磨:在运动零件之间提供油膜润滑,以减少磨擦和磨损。

(2) 冷却降温:作为热介质从临界面上带走热量,起到冷却作用。

(3) 清洗清洁:通过润滑油的流动,可以冲洗零件工作面上产生的脏物。

(4) 密封防漏:润滑油在活塞环与活塞之间会形成一个密封圈,减少气体的泄漏和防止外界的污染物进入。

(5) 防锈防蚀:润滑油能将水、空气、酸性物质及有害气体与零件表面隔开,避免生锈腐蚀。

(6) 减震缓冲:润滑部位的润滑油可以缓冲发动机对机件的冲击。

2. 润滑油的类型和等级分类

(1) 发动机润滑油按用途可分为汽油机润滑油和柴油机润滑油两种。

(2) 润滑油的等级分类,一般根据润滑油的品质性能来分 API 品质等级,根据润滑油的黏度来分 SAE 黏度等级。

1) API 品质等级。适用于汽油机的润滑油有 SA 级、SB 级、SC 级、SD 级、SE 级、SF 级、SG 级、SH 级、SJ 级、SM 级、SN 级等 11 级,目前市面上 SA 级~SD 级基本上已经淘汰。适用于柴油机的润滑油有 CA 级、CB 级、CC 级、CD 级、CE 级、CF 级、CF-2 级、CF-4 级、CG-4 级、CH-4 级、CI-4 级等 11 级,目前市面上 CA 级~CC 级基本上已经淘汰。不管是汽油机还是柴油机的润滑油,其等级的后一个英文字母越往后,其档次越高质量越好。一般在随车的说明书上,都会写清该产品推荐使用润滑油的级别,一般的 4S 店也会根据不同的车型选择符合厂家标准的润滑油。如果车辆的说明书上写明推荐 SF 润滑油,那么一定要选择 SF 或 SF 以上级别的润滑油。

2) SAE 黏度等级。SAE 是"美国汽车工程师协会"(Society of Automotive Engineers)的英文缩写。润滑油黏度指标一般用"W"来表示,例如:SAE15W-40,SAE5W-40,"W"表示 winter(冬季),其前面的数字越小说明润滑油的低温流动性越好,代表可供使用的环境温度越低,在冷启动时对发动机的保护能力越好;"W"后面的数字则是润滑油耐高温性的指标,数值越大说明润滑油在高温下的保护性能越好。目前家庭轿车用户主要选择的是多级润滑油,常见的多级润滑油适用温度如表 3.1.1 所示。

表 3.1.1 对应黏度的适应温度范围

黏度级号	适用气温范围(℃)	黏度级号	适用气温范围(℃)
5W/20	−45~20	15W/40	−25~40
10W/30	−30~30	20W/30	−25~30
10W/40	−30~40	20W/40	−20~40
15W/30	−25~30		

3. 润滑油好坏简易鉴别法

（1）观察法：取曲轴箱中的润滑油少许放入容器内，慢慢倾倒，边倒边观察其流动情况，如油流细长、有光泽，表面油中无胶结杂质，尚能继续使用；若油流断续且粗细不一、混浊发黑，则应更换。

（2）手捻法：将润滑油捻在大拇指与食指之间反复研磨，较好的润滑油手感应有润滑性、磨屑少、无磨擦，若感觉手指之间有磨擦感，则润滑油内杂质多，应更换。

（3）蒸发法：取一个厚铜片置于明火上加热几分钟，然后取润滑油试样少许，滴于热铜片上，如果润滑油一滴在铜片上就发泡飞贱，说明润滑油内含水较多；若润滑油滴在铜片上没有飞贱，而立即发出爆裂声，则说明润滑油内含少量水，响声越强，则水含量越少。

（4）油滴陈迹法：取一张干净的白色滤试纸，把几滴油滴在滤试纸上，待润滑油渗漏后，若表面有黑色粉末，用手触摸有阻涩感，则说明润滑油里面杂质已很多。好的润滑油无粉末，用手摸上去干而光滑，且呈黄色陈迹。

4. 发动机润滑油的更换方法

第一步：运转发动机，使其达到工作温度。然后熄灭发动机，使用举升机举升车辆。

第二步：在油底壳下方放置盛油容器，找到油底壳的放油螺栓，慢慢拧开放油螺栓，把发动机润滑油放干净，小心不要接触到热油。然后按规定力矩拧紧放油螺栓。

第三步：将盛油容器移到机油滤清器下方，使用机油滤芯扳手将滤芯拧松，再戴上手套用手将其拧下。

第四步：参照用户使用手册选择合适的润滑油滤芯。

第五步：使用干净润滑油涂抹新滤芯的接口垫圈。如果滤芯安装位置是垂直的，可以在滤芯中倒入一些新润滑油，这样可以在下次发动机启动时减少干磨。用手将滤芯拧入，按照指示的方法将滤芯拧紧（通常是在用手将滤芯拧紧后再拧入 3/4 圈）。

第六步：放下车辆，将新的润滑油倒入机油加注口。举升车辆，检查发动机下部是否有漏油。放下车辆，检查机油尺油面高度，并启动发动机，启动后仪表上的机油指示灯应该马上熄灭。最后，关闭发动机，再次检查润滑油量。

二、机油滤清器概述

机油滤清器的作用是去除润滑油中的金属颗粒、灰尘、煤烟颗粒和碳沉积物等杂质，保护发动机，结构外形如图 3.1.1 所示。当机油滤清器已达到规定使用时间或行驶里程时应及时更换，否则，将因其滤清能力的下降而加剧机件磨损，缩短发动机寿命。

润滑油及机油滤清器的更换周期可根据汽车维修手册来定，但实际操作时更应该结合车辆的常用环境而定。

图 3.1.1 机油滤清器

三、空气滤清器概述

空气滤清器安装在进气管的前方,主要起到滤除空气中灰尘、沙粒的作用,保证汽缸中进入足量、清洁的空气。发动机在运转过程中需要吸入大量的空气,如果大气中的空气不经过滤清器过滤,空气中悬浮的尘埃等杂质将被吸入汽缸中,这样将会加速活塞环及汽缸的磨损。当较大的颗粒进入活塞环与汽缸之间,很容易造成严重的拉缸现象,这在干燥多沙的工作环境中尤为严重。

图 3.1.2　空气滤清器

空气滤清器一般有纸质和油质两种材质。由于纸质滤清器具有滤清效率高、成本低、质量轻、维护方便等优点,已被广泛采用。目前轿车上广泛使用的空气滤清器是纸质滤清器,如图 3.1.2 所示。

空气滤清器的更换周期要依据汽车维修手册及具体的使用环境而定,一般为 5 000 km 或半年清洁一次,10 000 km 或一年进行更换。

四、汽油滤清器概述

汽油滤清器的作用是当发动机工作时,滤除汽油中的杂质,防止喷油器堵塞,保证洁净的汽油进入汽缸燃烧,提高燃料燃烧质量,减轻机件磨损。汽油滤清器串联在输油管路上,也有些车型将汽油滤清器安装在油箱内。

多数汽油滤清器采用多孔陶瓷或微孔滤纸制造。陶瓷滤芯可重复使用,但不宜清洗干净,而纸质滤芯滤清效果好,制造成本低,仅作一次性使用,如图 3.1.3 所示。

图 3.1.3　汽油滤清器

汽油滤清器的更换周期要依据汽车维修手册及具体的使用环境而定,一般要 10 000 km 或一年更换。

【任务准备】

一、工、量具及材料的准备

1. 设备及相关物品:举升机、宝骏 630 轿车及其维修手册、机油回收桶、油盘、车内外护套。
2. 工、量具:快速扳手、10 mm 及 18 mm 套筒。
3. 材料:润滑油、空气滤清器、机油滤清器、汽油滤清器等。

二、工作流程的准备

1. 检查更换机油和机油滤清器的操作流程

旋开机油加注口盖——举升车辆——旋出放油塞——待机油排完后拧紧放油塞——拆卸旧机油滤清器——降下车辆——加注机油——拧紧机油加注口盖——热车——检查机油量——举升车辆检查放油塞是否有泄漏——冷车再次检查机油量

2. 检查更换空气滤清器的操作过程

松开空滤器卡箍——拧下空滤器盖螺钉——取出空气滤清器——清洁滤清器上、下壳体——安装空气滤清器——拧紧空滤器盖螺钉——箍紧空滤器卡箍

3. 检查更换汽油滤清器的操作过程

对系统油压进行泄压——举升车辆——拆下汽油滤清器——按照箭头方向安装汽油滤清器——降下车辆——热车检查

【实施步骤】

一、检查、更换机油和机油滤清器

1. 检查、更换机油和机油滤清器的步骤按表 3.1.2 实施。

表 3.1.2 检查、更换机油和机油滤清器的步骤

(1) 做好维修前的准备：实施 6S 管理，做好维修工具及维修消耗品的准备	(2) 将车辆停驻在举升机平台中间位置，拉紧手刹，将变速器置于空档位置
(3) 打开发动机舱盖，安装好前格栅保护罩和翼子板布 	(4) 拧下机油加注口盖，用干净的清洁抹布盖住机油加注口 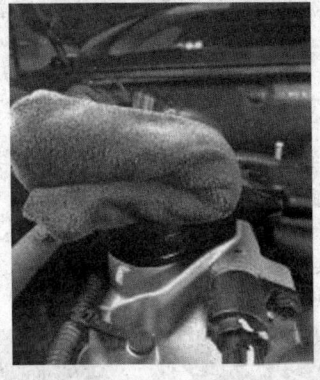
(5) 安全规范操纵举升机，将车辆举升到指定高度，并且确定车辆可靠停稳后，才能进入车底下作业	(6) 检查发动机放油塞、曲轴前油封、后油封和油底壳衬垫等处是否有机油泄漏痕迹，油底壳是否存在凹瘪变形

续表

(7) 使用18 mm套筒，拧松放油塞 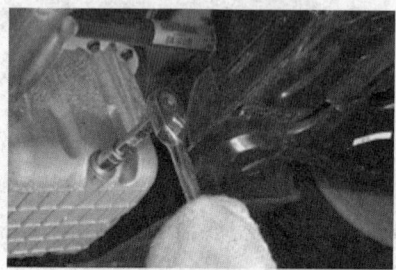	(8) 将机油回收桶置于发动机油底壳放油塞的正下方，用手缓缓旋出放油塞，确定螺纹已全部旋出后，快速移开放油塞，让机油流入回收桶内 
(9) 检查放油螺塞垫片是否完好，如出现断裂现象要及时更换。当放油完毕，油底壳的排油孔不再滴油时，用手旋入放油螺塞	(10) 使用18 mm套筒，以规定的拧紧力矩拧紧放油塞，拧紧力矩：39±5 Nm。并用棉纱擦净放油螺塞和油底壳上的油迹 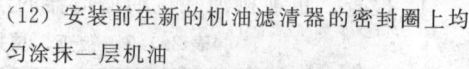
(11) 使用机油滤清器扳手和快速扳手旋松机油滤清器，再用手旋下滤清器 	(12) 安装前在新的机油滤清器的密封圈上均匀涂抹一层机油 
(13) 将机油滤清器旋入其座上并用手拧紧。使用机油滤清器扳手和快速扳手扭转滤清器至3/4圈将其紧固	(14) 用抹布擦净滤清器及其座上的污物。操控举升机，将车辆降落到地面
(15) 旋下机油加油盖，加注机油，当加注量接近机油桶容量的3/4时暂停加注 	(16) 加注机油几分钟后，拔出机油标尺，擦净刻度尺的油液，重新将其插入机油标尺套内，再次拔出机油标尺检查其油液应，液面应位于上、下刻度线中间偏上的位置 

| (17) 热车检验 | (18) 工位清洁清理 |

2. 热车检验。

打开点火开关，启动发动机，运转3～5分钟后熄火。检查机油尺油面位置：如果油面显示在标尺的上、下刻度线的中间偏上位置，为正常；如果油面显示在偏下位置，则应添加适量机油；如果油面高于上面刻度线，则应放出适量机油。

再次操纵举升机，把车辆举升到合适位置。最后检查放油塞、机油滤清器等处是否漏油，检查完毕后降下车辆，实施6S管理规程。

二、检查、更换空气滤清器

检查、更换空气滤清器的步骤按表3.1.3实施。

表3.1.3 检查、更换空气滤清器的步骤

(1) 做好维修前的准备：实施6S管理，做好维修工具及维修消耗品的准备	(2) 将车辆停驻在举升机平台中间位置，拉紧手刹，将变速器置于空档位置，安装防护挡件，打开发动机舱盖，安装好前格栅保护罩和翼子板布
(3) 用起子松开空气滤清器卡箍，拧下空滤器盖螺钉 	(4) 打开滤清器盖，取出空气滤清器滤芯 
(5) 检查滤清器壳体是否有变形、裂纹和破损，如有应该更换。最后安装新的空气滤清器芯 	(6) 盖上滤清器盖，拧紧空滤器盖螺钉，箍紧空滤器卡箍 

三、检查、更换汽油滤清器

1. 检查、更换汽油滤清器的步骤按表 3.1.4 实施。

表 3.1.4　检查、更换汽油滤清器的步骤

(1) 做好维修前的准备：实施 6S 管理，做好维修工具及维修消耗品的准备	(2) 将车辆停驻在举升机平台中间位置，拉紧驻车制动器，变速器置于空挡，安装车辆车轮挡块
(3) 操纵举升机，将车辆举升到适当高度，确认车辆可靠停驻后，方可进入车底下作业	(4) 拆除汽油滤清器的固定螺栓
(5) 一手按住汽油滤清器及其支架，防止滤清器转动，另一只手按住卡扣，并用力转动油管往外拉，直到油管脱出，取出汽油滤清器及其支架	(6) 确认滤清器在支架内的安装位置和方向后，用力将滤清器推出
(7) 确认汽油滤清器壳上的箭头方向与供油方向一致，将新的滤清器用手压入支架的塑料夹具内	(8) 将油管对准滤清器的接口，上下摆动油管施加内压力，使油管深入到汽油滤清器位置，用 10 mm 螺栓固定在汽油滤清器上并拧紧
(9) 热车检验	(10) 工位清洁清理

2. 热车检验。

启动发动机，操纵举升机，将车辆举升到适当高度。检查汽油滤清器的进、出油管是否存在燃油泄漏，如有泄漏，则进一步检修。

【任务检验】

工作任务完成后，启动车辆，最后检验汽油滤清器是否存在燃油泄漏，检查机油标尺油面刻度是否正常。

【评价与反馈】

对本学习任务进行评价，如表 3.1.5 检查、更换机油和机油滤清器评分表，表 3.1.6 检查、更换空气滤清器评分表，表 3.1.7 检查、更换汽油滤清器评分表所示。

表 3.1.5 检查、更换机油和机油滤清器评分表

班级：_____ 组别：_____ 姓名：_____

序号	考核内容	配分	评分标准	得分	备注
1	作业前整理工位	3	酌情扣分		
2	打开并支撑发动机舱盖	2	操作不当扣 2 分		
3	安装汽车保护罩	2	酌情扣分		
4	检查变速器是否位于空挡或 P 挡	4	操作不当扣 4 分		
5	检查驻车制动器是否工作	3	操作不当扣 3 分		
6	起动车辆时，档位检查	5	操作不当扣 5 分		
7	起动车辆时，观察周围情况	4	操作不当扣 4 分		
8	报告发动机的预热温度	5	操作不当扣 5 分		
9	放油前机油泄漏检查	4	检查不当扣 4 分		
10	寻找车辆的支撑点	4	操作不当扣 4 分		
11	车辆的举升中停驻	3	操作不当扣 3 分		
12	放置机油回收桶	5	操作不当扣 5 分		
13	拆下机油排旋塞	7	操作不当扣 7 分		
14	检查机油排放塞的密封垫圈	6	操作不当扣 6 分		
15	拆卸机油滤清器	10	操作不当扣 10 分		
16	安装机油滤清器	9	操作不当扣 9 分		
17	查看车辆的变形情况	3	检查不当扣 3 分		
18	清洁机油加注口	5	操作不当扣 5 分		
19	加注机油	6	操作不当扣 6 分		
20	发动机存油量的检查	6	检查不当扣 6 分		
21	发动机运转后的存油量检查	4	检查不当扣 4 分		
22	遵守相关安全规范，因违规操作造成人身和设备事故的，总分按 0 分处理				
	分数合计				

表 3.1.6　检查、更换空气滤清器评分表

班级：_____　　　组别：_____　　　姓名：_____

序号	考核内容	配分	评分标准	得分	备注
1	作业前整理工位	3	酌情扣分		
2	打开并支撑发动机舱盖	5	酌情扣分		
3	安装汽车保护罩	8	酌情扣分		
4	检查变速器是否位于空挡或 P 挡	5	操作不当扣 5 分		
5	检查驻车制动器是否工作	5	操作不当扣 5 分		
6	松开滤清器盖的压紧卡箍	5	操作不当扣 5 分		
7	清洁空气滤清器腔	10	酌情扣分		
8	检查滤清器壳体是否有裂纹、损伤	15	酌情扣分		
9	检查压紧卡箍	8	检查不当扣 8 分		
10	检查进气管有无裂纹、损伤	15	酌情扣分		
11	安装滤清器滤芯	8	酌情扣分		
12	安装滤清器盖	8	酌情扣分		
13	清理工位卫生	5	酌情扣分		
14	遵守相关安全规范，因违规操作造成人身和设备事故的，总分按 0 分处理				
	分数合计				

表 3.1.7 检查、更换汽油滤清器评分表

班级：_____ 组别：_____ 姓名：_____

序号	考核内容	配分	评分标准	得分	备注
1	作业前整理工位	5	酌情扣分		
2	打开并支撑发动机舱盖	5	酌情扣分		
3	安装汽车保护罩	5	酌情扣分		
4	检查变速器是否位于空挡或P挡	5	操作不当扣5分		
5	检查驻车制动器是否工作	5	操作不当扣5分		
6	断开燃油泵电路，起动发动机泄压	10	操作不当扣10分		
7	举升车辆到合适位置	8	酌情扣分		
8	清洁油管接口处	4	操作不当扣4分		
9	检查油管及其卡箍	4	检查不当扣4分		
10	拆卸油管卡箍	4	操作不当扣4分		
11	拔下并堵塞油管口	4	操作不当扣4分		
12	拆卸汽油滤清器支架	4	操作不当扣4分		
13	拆卸汽油滤清器	4	操作不当扣4分		
14	安装新的汽油滤清器	8	操作不当扣8分		
15	清洁安装后油管口油迹	4	操作不当扣4分		
16	下降车辆，重复接通点火开关使燃油系统升压	6	操作不当扣6分		
17	运转发动机，举升车辆检漏汽油滤清器	10	酌情扣分		
18	清理工位	5	酌情扣分		
19	遵守相关安全规范，因违规操作造成人身和设备事故的，总分按0分处理				
	分数合计				

学习任务 2
发动机冷却液和制动油液的检查与更换

【任务描述】

一辆宝骏 630 轿车，行驶里程 20 000 km，车主反映行驶过程中车辆出现冷却液温度过高、制动距离变长的现象。经检查发现发动机冷却液缺少，制动油液低于规定液位。现需要维修技工根据维修手册相关要求，在规定时间更换发动机冷却液和制动油液，任务完成后交付验收。

【学习目标】

一、知识目标

1. 能叙述冷却液的作用、类型；
2. 能叙述制动油液的类型及更换的依据；
3. 掌握制动油液正确规范的更换方式。

二、技能目标

1. 能熟练按照维修手册规范要求，检查、添加冷却液；
2. 能熟练按照维修手册规范要求，检查、添加、更换制动油液。

建议学时：6 学时

【知识准备】

一、冷却液概述

1. 发动机冷却液功能

冷却液，又称防冻液或水箱宝等。主要功能是保护发动机在一定的温度范围内正常运行，冷却液在发动机内循环，起到防冻、防沸、防锈、防腐蚀等效果。

2. 发动机冷却液特性

发动机冷却液实际上是水与防冻液的混合液。在一个标准大气压下，水的沸点是 100 ℃，冰点是 0 ℃，含 66% 防冻液和 33% 水的混合液的沸点升高到 113 ℃，冰点降低到 −69 ℃。一般推荐使用含水和防冻液各为 50% 的混合液。

最常使用的防冻液是二醇基乙烯，这种防冻液为绿色，在各种气候条件下都能提供很好的防冻效果，但是有毒。也有较为安全的防冻液，如磷酸乙二醇基乙烯、有机酸防冻液、混合有机酸或硅树脂，其颜色是橘红色。

3. 发动机冷却液的使用注意事项

（1）要定期更换。不论冷却液的成分如何，以及使用何种防冻液，冷却系统里都会产生铁锈和水垢，从而影响发动机的冷却效果。因此，每隔一两年，就应该更换发动机的冷却液，并清洗冷却系统。

（2）不要缺水运行。高温天气行车，水箱内的冷却液蒸发加快，要时刻注意观察冷却液温度表，时常检查冷却液位，否则容易引起水箱"开锅"。对于轿车，冷却液液面应位于补偿水桶外表面"高"线和"低"线之间。有些车水箱位置较发动机低，加水时经常被误认已加满，在加注冷却液时，应保持发动机在运转状态。

（3）加注冷却液时不要加井水、污水。加注井水、污水容易形成水垢而影响冷却效果，缩短水箱和水套的使用寿命。

（4）水箱"开锅"时不要贸然开盖。水箱"开锅"时，水箱内温度很高，压力很大，如果突然开盖，容易被烫伤。出现"开锅"时必须要等发动机温度下降后再开盖加注，加注速度不宜过快，应缓缓加入。

（5）冷却液中不能没有防冻剂。有些人认为，夏季冷却液中不需要加注防冻剂，这是错误的想法。防冻剂不仅仅能提高冷却液的沸点，防冻剂中还含有防锈剂和泡沫抑制剂，防锈剂可以延缓或阻止发动机水套壁及散热器的锈蚀和腐蚀，而泡沫抑制剂能有效地抑制泡沫的产生。

（6）不同型号的防冻液不能混合使用。不同型号的防冻液混合使用容易生成沉淀或气泡，降低使用效果。在更换冷却液时，应先将冷却系统用净水冲洗干净，然后再加入新的防冻液和水。用剩的防冻液应在容器上注明名称以免混淆。

二、制动油液概述

1. 制动油液的重要性

制动油液是汽车制动系统制动不可缺少的部分，是液压制动系统中传递制动压力的液态介质，是使车轮制动器实现制动作用的一种功能性液体。

汽车制动油液使用不当或质量状态不佳，都会影响到车辆的行驶安全。如果使用了质量低劣的制动油液，可能会出现高温时产生气阻，低温时制动迟缓的现象，从而导致汽车制动故障或制动失灵，这在车辆行驶过程中是极其危险的。

2. 制动油液的工作原理

汽车制动油液在液压制动系统中传递压力，因为液体是不能被压缩的，在密封容器中或充满液体的管路中，当液体受到压力时，便会很快地、均匀地把压力传到液体的各个部分，所以当驾驶员施压到总泵上时，制动液会直接传递压力至各分泵，各分泵上的液压力使摩擦片夹紧制动盘（或张开制动蹄）阻止汽车轮毂转动，从而使车辆减速或停止。汽车制动工作压力一般为 2 Mpa，高的可达 4～5 Mpa。

3. 制动油液类型

（1）矿油型：用精制的轻柴油馏分加入稠化剂和其他添加剂组成。

（2）蓖麻油-醇型：由酒精制成的蓖麻油和低碳醇（乙醇或丁醇）调配而成，经过沉淀获得无色或浅黄色清澈透明的液体，即醇型汽车制动油液。醇型制动液的优点是原料容易得到，合成工艺简单，产品润滑性好。缺点是沸点低，低温时性质不稳定。

（3）合成型：用醇、酯、醚等掺入润滑、抗氧化、防锈、抗橡胶溶胀等添加剂成分制成。合成制动液具有凝点低、沸点高、不易产生气阻、抗腐蚀等优点，被广泛应用于高速、大负荷的汽车上。

4. 检查、更换制动油液

制动油液是汽车制动系统中至关重要的安全用品，使用陈旧的制动油液很容易导致制动系统在紧急制动时失效。制动油液品质好坏，可以使用专用的制动油液检测仪进行检测，但这种专用仪器检测对车主来说是不太现实的，这就导致多数车主对于制动液的更换周期通常采用"视情而定"的态度了，而这种"视情而定"的直接依据往往是"制动效果变差"，这是相当危险的。

一般来说，应该每月检查一次制动油液，制动液要保持密封，要注意检查制动液油壶盖是否密封可靠，制动油液每两年或车辆行驶 40 000～50 000 km 时更换，如果行驶里程较少，可适当延长更换周期，但不宜超过 3 年，更换时不同类型和不同品牌的刹车油不要混合使用。此外，不可通过观察制动油液的颜色来判断制动油液的品质好坏，因为不同厂家的制动油液产品，颜色可以不一样，这方面没有统一的国家标准。

5. 良好的制动液应有的特性

（1）黏温性好，凝固点低，低温流动性好。

（2）沸点高，高温下不产生气阻。在高温、严寒、湿热等工况下保证灵活传递制动力。

（3）能够有效润滑制动系统的运动部件，延长制动轮缸和皮碗的使用寿命。

（4）对制动系统的金属和非金属材料没有腐蚀性。

【任务准备】

一、工、量具及材料的准备

1. 设备及相关物品：举升机、宝骏 630 轿车及其维修手册、油盘、车内外护套。

项目三 发动机模块的维护与检修

2．工、量具：扭力扳手、10号套筒、14号套筒、21号轮胎套筒、短接杆、快速扳手、一字螺丝刀、十字螺丝刀、漏斗、尖嘴钳、10号梅花扳手。

3．材料：抹布、引流胶管、废油回收桶、新的制动液、冷却液、水箱宝。

二、工作流程的准备

1．检查、更换冷却液的操作过程

工具材料准备——拆下散热器盖——举升车辆——旋开放水开关——待冷却液放排完后拧上放水开关——降下车辆——加注冷却液——盖上散热器盖——热车检查

2．检查、更换制动油液的操作过程

工具材料准备——停放好车辆——制动油液排放——添加制动液——排放空气——拧紧放气螺钉——制动检查

【实施步骤】

一、检查、更换冷却液

1．检查、更换冷却液的步骤按表3.2.1实施。

表3.2.1 检查、更换冷却液的步骤

(1) 维修前准备：实施6S管理，做好维修工作及耗品准备	(2) 将车辆停驻在举升机平台中间位置，拉紧驻车制动器，将变速器置于空档位置。打开发动机舱盖，安装翼子板布和前格栅保护罩
(3) 检查冷却系统的各软管是否有鼓包、裂纹，软管接口是否有泄漏，散热器、暖水风箱、水泵、膨胀箱、汽缸垫、汽缸体和汽缸盖等部位是否损坏泄漏	(4) 打开膨胀箱加注盖 
(5) 操纵举升机，将车辆举升到目标高度，确定车辆可靠停驻。进入车下作业：旋开放水开关，接好冷却液，把冷却液放干净后，再旋紧放水开关 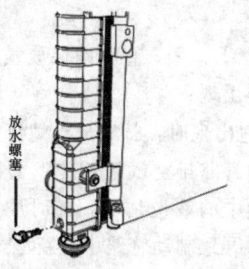放水螺塞	(6) 操纵举升机，将车辆平稳的降落到地面上。旋开冷却液桶盖，将冷却液倒入，倒满为止 

续 表

(7) 观察副水箱液位，应该在 MAX～MIN 刻度线之间 	

2. 热车检验

启动发动机直至节温器开始打开，再用布料掩盖缓缓地打开膨胀箱加注盖，让冷却液在发动机内部循环，观察冷却液是否在副水箱刻度线的适当位置。

二、检查、更换制动油液

1. 检查、更换制动油液的步骤按表 3.2.2 实施。

表 3.2.2　检查、更换制动油液的步骤

(1) 任务前准备：实施 6S 管理，做好维修工作及耗品准备	(2) 将车辆安全停放在维修工位，垫好车轮挡块，保证车辆平稳
(3) 按由远到近、由后向前的顺序放制动液。在制动器轮缸活塞放油孔处，安装放油软管，并拧松螺钉，软管的另一端置于废油回收容器中 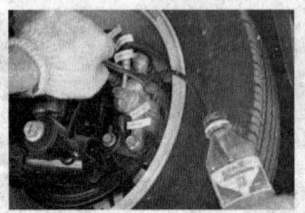	(4) 排净制动液：一人进入车内，不断地重复踩踏制动踏板。另一人在制动轮缸放油孔处观察软管内的制动液排除情况，直至管路中无制动液流出，然后拧紧轮缸放油螺钉 　　重复步骤 (3) ～ (4)，直至把四个车轮管路及制动轮缸中的制动液都排尽
(5) 添加制动液，并且按照"先远后近"的顺序（即右后轮、左后轮、右前轮、左前轮的顺序），逐个放出轮缸内的空气 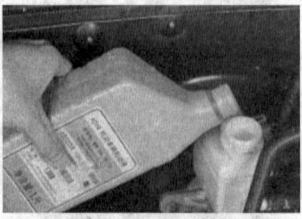	(6) 空气排放方法： ① 一人进入驾驶室，连续踩踏制动踏板数次，建立管路中的液压力，最后一次踩踏要保持住； ② 另一个人在右后轮轮缸放气螺钉处接放油软管，拧松放气螺钉，可以看到有带气泡的油液涌出； ③ 重复步骤①、②，直至确保放气螺钉处于无含气泡油液出现； ④ 当无气泡出现时，拧紧放气螺钉。 注意：制动管路排空气过程中，要随时注意制动液储液罐中的液位情况，随时添加，避免因液位过低而导致制动管路中重新混入空气

2. 制动效果检查

重新加注制动液后,需要进行路试检查制动效果。路试时,应注意控制试验车速,以防制动不灵引起安全事故。

【评价与反馈】

对本学习任务进行评价,如表 3.2.3 检查、更换冷却液评分表,表 3.2.4 检查、更换制动油液评分表所示。

表 3.2.3 检查、更换冷却液评分表

班级:_____ 组别:_____ 姓名:_____

序号	考核内容	配分	评分标准	得分	备注
1	作业前整理工位	3	酌情扣分		
2	打开并支撑发动机舱盖	2	操作不当扣 2 分		
3	安装汽车保护罩	2	酌情扣分		
4	检查变速器是否位于空挡或 P 挡	4	操作不当扣 4 分		
5	检查冷却液膨胀箱中的液面高度	5	操作不当扣 5 分		
6	起动车辆时,档位检查	3	操作不当扣 3 分		
7	起动车辆时,观察周围情况	3	操作不当扣 3 分		
8	起动发动机后,观察仪表情况	3	操作不当扣 3 分		
9	检查冷却系统各部位的密封情况	15	酌情扣分		
10	打开散热器盖,释放系统压力	5	操作不当扣 5 分		
11	举升车辆到目标高度	6	操作不当扣 6 分		
12	放置接水桶,打开放水开关	5	操作不当扣 5 分		
13	排净冷却液	7	操作不当扣 7 分		
14	锁紧放水开关	5	操作不当扣 5 分		
15	降落车辆,加注冷却液	10	酌情扣分		
16	起动发动机,排放系统中的空气	8	酌情扣分		
17	加注副水箱至合适刻度	5	操作不当扣 5 分		
18	最终检查液面高度和密封情况	5	检查不当扣 5 分		
19	清理工位	4	酌情扣分		
20	遵守相关安全规范,因违规操作造成人身和设备事故的,总分按 0 分处理				
	分数合计				

表 3.2.4　检查、更换制动油液评分表

班级：_____　　组别：_____　　姓名：_____

序号	考核内容	配分	评分标准	得分	备注
1	作业前整理工位	3	酌情扣分		
2	垫好车轮挡块，保证车辆平稳	2	操作不当扣 2 分		
3	打开并支撑发动机舱盖	2	酌情扣分		
4	安装汽车保护罩	4	操作不当扣 4 分		
5	检查变速器是否位于空挡或 P 挡	3	操作不当扣 3 分		
6	安装放油软管，拧松放油螺钉	6	操作不当扣 6 分		
7	按顺序排净制动油液	35	酌情扣分		
8	添加制动液，按顺序排放空气	35	酌情扣分		
9	遵守操作规程，保持现场清洁	5	酌情扣分		
10	清理工位	5	酌情扣分		
11	遵守相关安全规范，因违规操作造成人身和设备事故的，总分按 0 分处理					
分数合计					

学习任务 3
汽车发动机正时皮带的检查与更换

【任务描述】

一辆轻型载货汽车,行驶里程 50 000 km,车主反映该车最近一段时间运行时产生持续不断的"吱吱"响声,经技术人员检查后,确认是发动机正时皮带工作异常,需要对正时皮带进行拆卸检查,必要时进行更换。

【学习目标】

一、知识目标

1. 能叙述正时皮带的类型;
2. 能叙述正时皮带的作用及工作原理;
3. 能叙述正时皮带的常见故障现象。

二、技能目标

1. 能正确使用正时皮带的拆装工具;
2. 能按维修手册要求规范的拆装正时皮带;
3. 能正确检测正时皮带,判断正时皮带的好坏。

建议学时:6 学时

【知识准备】

汽车发动机正时机构的动力传递一般有链传动和带传动两种方式。带传动可用于较远距离的传动,具有结构简单、噪声小、传动平稳、成本低等优点,广泛适用于各种发动机的动力传动。

一、正时皮带概述

1. 正时皮带的作用

发动机是汽车的唯一动力源。正时皮带可以把发动机曲轴上的动力通过正时齿轮传递给汽车的其他附件（如动力转向泵、交流发电机、空调压缩机和凸轮轴等）。

2. 正时皮带的结构类型

汽车上常用的正时皮带由橡胶、棉帆布、人造丝或钢丝等制成。正时皮带分为摩擦型和啮合型两种。摩擦型正时皮带有V型带、多楔带、平带、圆带等，其中平带和圆带一般在汽车上很少应用。啮合型正时皮带主要有同步带。

（1）V型带。V型带分为普通V带、窄V带、宽V带、齿形V带、联组V带、双面V带、带楔角V带等。其中普通V带也叫三角带，是应用最广泛的一种正时皮带，带与带轮槽之间是V型摩擦，接触面大，能传递大力矩，使用寿命长，一般正常使用可达 40 000～50 000 km，并且结构简单，价格便宜，如图3.3.1所示。

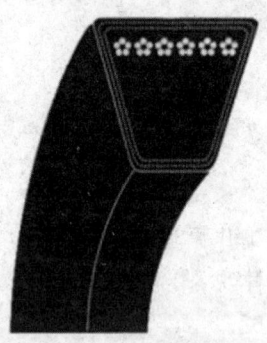

图 3.3.1　V 型带

普通橡胶材质的V型带一般由包布层、底胶（压缩层）、抗拉层（强力层）和顶胶（伸张层）等部分构成，如图3.3.2所示。

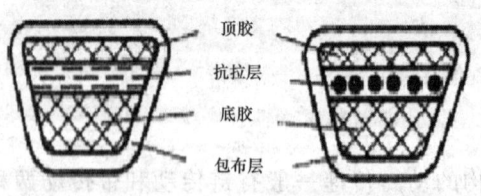

图 3.3.2　V 型带结构

（2）多楔带。汽车用的多楔带是一根在纵向分布上有许多楔的特殊V胶带，它采用纤维加强支撑，比一般正时皮带具有更大的动力传动面，因而多楔带具有良好的传动效率。多楔带在工作时噪声很小，相对滑动极小，可确保动力传递精准工作。其形状如图3.3.3所示。

图3.3.3 多楔带

多楔带相对于V型带的主要优点是：多楔带由多个微型V面组成，较宽且较薄，从而使其环绕较小的传动轮时有较大的柔韧度，这种传动装置可以给多个发动机附件传递动力。

（3）同步带。同步带是依靠带上的凸齿和齿轮上的齿槽强制啮合而工作，当带轮（主动轮）转动时，同步带上的凸齿通过与带轮的齿槽的啮合将动力传递给从动轮，因此主动轮与从动轮的线速度是相同的。

同步带综合了带传动、链传动以及齿轮传动的特性，具有传动比准确、效率高、传动平稳、噪音低、使用寿命长、中心距允许范围大、轴上压力小、能承受一定冲击、不需润滑、较其他类型带传动结构紧凑等优点。在汽车上，同步带主要用在发动机的时规传动上，如图3.2.4所示。

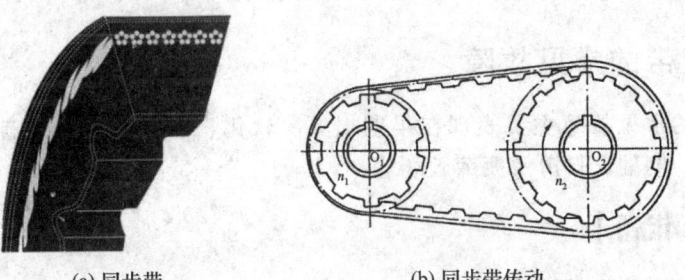

(a) 同步带　　　　　　　(b) 同步带传动

图3.2.4 同步带及同步带传动

同步带结构上由橡胶层、线绳和帆布层三个部分组成。绳芯螺旋缠绕在玻璃纤维上，作为强力层；聚酰胺纤维（或其他纤维）履盖在带齿上部，与带轮互相接触时，它能起耐磨损和增强带齿作用。弹性复合物构成带背材和带齿根块。如图3.2.5所示。

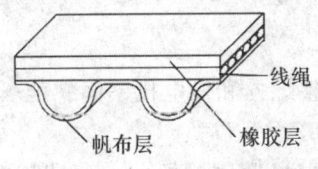

图3.2.5 同步带结构

二、正时皮带的选用与维护

1. 正时皮带的选用

（1）在选择同步带时，同步带与带轮的齿形必须相匹配。

（2）在选择多楔带时，应考虑皮带轮直径、楔槽等参数，选用适当规格型号和楔数的多楔带。

（3）在选择V型带时，要根据皮带轮的型号及长度来选择对应的正时皮带。

2. 正时皮带的维护

为了延长正时皮带的使用寿命，确保动力的正常传递，须正确使用和维修：

（1）正时皮带的使用温度范围限制在－40～120 ℃，不得在异常温度下工作。

（2）安装时要确认带的张紧度，以中心位置有15 mm的自由活动度为宜。

（3）使用多根带传动时，如果有某根带损坏，应该以旧换旧，或者全部换新。不要用新的带补上，以免新旧带并用，造成长短不一，受载不均匀而加速新带损坏。

（4）为确保安全，传动装置必须设防护罩。

（5）安装带轮时两带轮轴线必须平行，轮槽应对正，否则将加剧带的磨损，甚至使带脱落。安装时先缩小中心距，然后套上V带，再做调整，不得硬撬。要是距离不可调，先小再大，最后用手转动带轮，让皮带都进入轮槽中。

（6）正时皮带使用中应保持清洁，严防与矿物油、酸、碱等介质接触，也不宜在阳光下暴晒。

三、正时皮带的常见故障

正时皮带的常见故障主要表现在早期损坏、软化、异常磨损、异响、背面边框缺口、底部开裂、侧翻、打滑及疲劳破坏等。

【任务准备】

一、工、量具及材料的准备

1. 设备及相关物品：安装有正时皮带的微型车一辆。

2. 工、量具：扭力扳手，12、13、14号丁字杆或套筒，短接杆，快速扳手，12～14号梅花扳手，13～15梅花扳手，撬棒，工具车。

3. 材料：抹布、正时皮带等。

二、工作流程的准备

1. 拆卸顺序

卸下水泵正时皮带——调整螺栓和发电机紧固螺栓——拆卸正时皮带

2. 安装顺序

安装正时皮带——拧紧发电机紧固螺栓——调整正时皮带张紧度——拧紧水泵调整螺栓

项目三　发动机模块的维护与检修

🎓【实施步骤】

一、拆卸正时皮带

1. 拆卸正时皮带步骤按表 3.3.1 实施。

表 3.3.1　正时皮带拆卸步骤

(1) 维修前准备：实施 6S 管理，做好维修工作及耗品准备	(2) 拉紧驻车制动器，将变速器置于空档位置。安装车辆防护挡件，打开发动机舱盖，安装翼子板布和前格栅保护罩
(3) 拉起座椅，松开发电机的固定螺栓和调整螺栓 	(4) 转动发电机，从发电机皮带轮上取下正时皮带 

2. 检查正时皮带与皮带轮。

正时皮带的检查内容包括检查其是否有裂纹、割伤、变形、磨损和脏物等，如不能继续使用，则更换新件。检查各皮带轮是否有破损、变形，如不能继续使用，一般更换新件。

二、安装正时皮带

安装正时皮带步骤按表 3.3.2 实施。

表 3.3.2　正时皮带安装步骤

(1) 将正时皮带装入曲轴正时皮带轮、发电机皮带轮和水泵皮带轮上 	(2) 调整好正时皮带张紧力 

续　表

（3）拧紧发电机的调整螺栓	（4）旋紧发电机固定螺栓
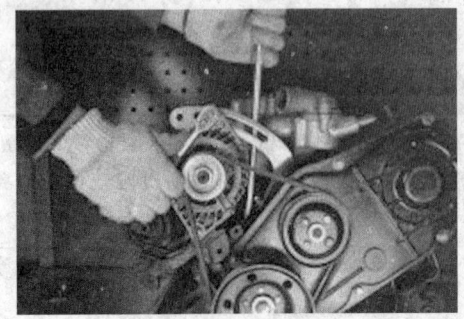	
（5）检查发电机正时皮带的张力	

【任务检验】

起动车辆，使发动机在各个不同的工况下运转，观察正时皮带的工作情况，如果各工况均能正常工作，则说明该正时皮带更换安装正确。

项目三　发动机模块的维护与检修

【评价与反馈】

对本学习任务进行评价，如表3.3.3检查、更换发动机正时皮带评分表所示。

表3.3.3　检查、更换发动机正时皮带评分表

班级：_____　　　组别：_____　　　姓名：_____

序号	考核内容	配分	评分标准	得分	备注
1	做好维修工作及耗品准备	5	酌情扣分		
2	拉紧驻车制动器，将变速器置于空档位置，安装车轮挡块。	5	酌情扣分		
3	打开发动机舱盖，安装翼子板布和前格栅保护罩	5	酌情扣分		
4	拉起座椅，松开发电机的固定螺栓和调整螺栓	10	酌情扣分		
5	转动发电机，取出正时皮带	8	酌情扣分		
6	检查正时皮带	6	酌情扣分		
7	检查传动轮	6	酌情扣分		
8	安装正时皮带	13	酌情扣分		
9	调整正时皮带张紧力	8	酌情扣分		
10	拧紧发电机的调整螺栓	10	操作不当扣10分		
11	旋紧发电机固定螺栓	8	操作不当扣8分		
12	检查发电机正时皮带的张力	10	操作不当扣10分		
13	遵守安全规程，正确使用工、量具，操作现场整洁	6	酌情扣分		
14	遵守相关安全规范，因违规操作造成人身和设备事故的，总分按0分处理				
	分数合计				

学习任务 4

火花塞的检查与更换

【任务描述】

一辆宝骏 630 轿车，行驶里程 50 000 km，车主反映发动机转速不稳、加速不良，有抖动现象，尾气排放略带黑烟。经维修人员检查，发现三缸火花塞工作异常。现需要对火花塞进行拆卸检查，必要时进行更换，任务完成后交付验收。

【学习目标】

一、知识目标

1. 能叙述火花塞的结构、作用及工作原理；
2. 能叙述火花塞类型及常见故障现象；
3. 能叙述如何选用火花塞。

二、技能目标

1. 能熟练使用工具拆装、更换火花塞；
2. 能熟练检测、判断火花塞的好坏；
3. 能正确选用火花赛。

建议学时：4 学时

【知识准备】

一、火花塞概述

1. 火花塞的作用

火花塞俗称"火嘴"，它的作用是把高压导线送来的脉冲高压电放电，击穿火花塞两电极间隙，产生电火花以点燃汽缸内的混合气体，使发动机做功。火花塞性能在很大程度上决定着发动机的动力性、经济性和排放性。

2. 火花塞的结构组成

火花塞由中心电极、绝缘体、导电玻璃、金属壳体等构成。金属壳体带有螺纹，拧在发动机气缸盖上。金属壳体内部有高氧化铝陶瓷绝缘体，绝缘体中心有金属杆，金属杆上端接线螺母用来连接导线，中心孔的下部装有中心电极。中心电极一般用镍锰合金、铂合金和铱金合金等制成，它耐热、耐腐蚀、具有良好的导电性能。电子点火系统的火花塞间隙一般为 1.0～1.2 mm，脉冲高压电击穿这个间隙，产生的电火花可点燃可燃混合气做功。

3. 火花塞的类型

（1）火花塞按照热值高低来分，可分为冷型和热型。火花塞的热值表示其散热速度的快慢，数值越大散热速度越快（即火花塞越冷）。火花塞热值，从热型到冷型，用 1、2、3、4……表示，其中 1～3 为低热值火花塞，4～6 为中热值火花塞，7～9 为高热值火花塞。

低热值火花塞绝缘体项部较长，被火焰覆盖的表面积和气窝的容积大。另外由于从绝缘体根部到外壳散热较长，所以散热少，容易造成中心电极温度的上升。低热值的火花塞适用于行驶速度较慢的车辆。

高热值火花塞的绝缘体项部相对较短，被火焰覆盖的表面积和气窝的容积小。另外由于散热途径较短，散热多，不易造成中心电极温度的上升。高热值的火花塞适用于行驶速度较快的车辆。

（2）火花塞按照电极材料来分，可分为镍锰合金、铂金和铱金火花塞等。镍锰合金制成的火花塞，只能适用于小功率、低转速的发动机，一般车辆行驶 1～2 万 km 或一年后就要进行检查或更换。铂金、铱金等贵金属火花塞具有很高的熔点，并且具有极高的抗腐蚀能力，能适应大功率、高转速的现代发动机。铂金火花塞可使用 3～5 万 km，铱金火花塞的使用寿命更长。

（3）火花塞按照极数来分，可分为单侧极和多侧极火花塞。

（4）火花塞按照结构、点火特点来分，又可分为：

① 标准型火花塞：其绝缘体裙部略缩入壳体端面，侧电极在壳体端面以外，是使用最广泛的一种。

② 绝缘体突出型火花塞：绝缘体裙部较长，突出于壳体端面以外。它具有吸热量大、抗污能力好等优点，且能直接受到进气的冷却而降低温度，因而不易引起炽热点火，故热适应范围宽。

③ 电极型火花塞：其电极很细，特点是火花强烈，点火能力好，在严寒季节也能保证发动机迅速可靠地起动，热范围较宽，能满足多种用途。

④ 座型火花塞：其壳体和旋入螺纹制成锥形，因此不用垫圈也可保持良好密封，从而缩小了火花塞体积，对发动机的设计更为有利。

⑤ 极型火花塞：侧电极一般为两个或两个以上，优点是点火可靠，间隙不需经常调整，故在电极容易烧蚀和火花塞间隙不能经常调节的一些汽油机上常常采用。

⑥ 面跳型火花塞：即沿面间隙型，它是一种最冷型的火花塞，其中心电极与壳体端面之间的间隙是同心的。

4. 国产火花塞型号

国产火花塞型号各部分代表的意义如下：

第一部分是英文字母，表示火花塞的结构和类型及主要尺寸；第二部分用阿拉伯数字，表示火花塞的热值；第三部分也是英文字母，表示火花塞的特性。

例如：K6RTC

"K"表示螺纹规格 M14X1.25，平座，螺纹长度 19 mm；

"6"表示火花塞的热值；

"R"表示火花塞为电阻型；

"T"表示火花塞绝缘体为突出型；

"C"表示火花塞中心电极为镍铜复合型。

5. 火花塞应该具备的性能

（1）高耐热性。可适应极热、极冷的情况。

（2）高强度性。可适应激烈的压力变化。

（3）高绝缘性。可承受高电压的绝缘性。

（4）良好气密性。在高、低压力频繁变化下能保持气密性。

（5）耐消耗性。在恶劣环境下，要求火花塞电极的消耗能降到最小。

（6）耐污损性。即在恶劣环境下能把燃烧的污垢减到最少。

二、火花塞选用

火花塞的选用是由汽车制造厂在汽车发动机定型时，结合发动机综合实验而相应确定的。选型的基本原则是：大功率、大压缩比、高转速的发动机，应选用大热的冷型火花塞；小功率、小压缩比、低转速的发动机，则选用低热值的热型火花塞。

以上原则在实际应用时，还需结合地域路况、燃油成分等具体情况加以修正。如果车辆经常在地势平坦、路况较佳的地段行驶，车辆常处于高速状态，发动机高负荷运转，根据选型原则应当选热值较高的冷型火花塞。如果同一车辆经常行驶在地形复杂、路况较差的地段，不得不低速行驶，发动机负荷降低，火花塞达不到自净温度，就可能因油污积碳造成发动机熄火，此种情况应选用低热值火花塞。

此外，气候、温度、启动点火方式等因素也对火花塞的选型有影响。因此火花塞选型应该"具体情况，具体分析"。

三、火花塞常见故障

火花塞的常见故障主要有两种：一是火花塞烧蚀，二是火花塞有油性沉积物。

1. 火花塞烧蚀

（1）火花塞顶端有疤痕或破损、烧蚀。

(2) 电极溶化且绝缘体呈白色。表明燃烧室内温度过高，可能是燃烧室内积碳过多，造成气门间隙过小，引发排气门过热，或者冷却装置工作不良等原因造成的。另外，火花塞未按规定力矩拧紧时也会造成电极熔化，绝缘体呈现白色的现象。

(3) 电极变圆且绝缘体结有疤痕。表明发动机早燃，可能是点火时间过早、汽油辛烷值过低或火花塞热值过高等原因造成的。

(4) 绝缘体顶端碎裂。一般是由于爆震燃烧引起，绝缘体顶端有黑灰色条纹，这表明火花塞已经漏气。

2. 火花塞上有油性沉积物

火花塞绝缘体的顶端和电极间有时会粘上沉积物。火花塞出现沉积物只是一个表面现象，还有可能是发动机的机械部件出现问题的信号。

如果只是个别火花塞上有油性沉积物，极有可能是气门杆的油封损坏而造成的。如果是各个汽缸的火花塞都粘有沉积物，则可能是汽缸已经出现蹿油。一般来说，在空气滤清器和通风装置堵塞的情况下，汽缸极易出现蹿油的现象。

如果火花塞电极和内部有黑色沉积物，通常表明气缸内混合气体过浓。此时可以通过增高发动机运转速度，并持续几分钟，借以烧掉留在电极上面的一层黑色煤烟层。

四、火花塞的清洁保养

如火花塞上有积碳、积油等时，可用汽油或煤油、丙酮溶剂浸泡，待积碳软化后，用非金属刷刷净电极上和瓷芯与壳体空腔内的积碳，用压缩空气吹干，切不可用刀刮、砂纸打磨或蘸汽油烧，以防损坏电极和瓷质绝缘体。

【任务准备】

一、工、量具及材料的准备

1. 设备及相关物品：宝骏630轿车及其维修手册、火花塞、车内外护套、零件车、压缩气体。

2. 工量具：塞尺、16套筒、火花塞套筒、短接杆、快速扳手、一字螺丝刀。

3. 材料：抹布等。

二、拆装流程的准备

1. 拆卸顺序

脱下点火线圈线路接插件——拆下点火线圈 使用火花塞套筒依次拆卸火花塞

2. 安装顺序

清洁火花塞——使用火花塞套筒依次安装火花塞——安装点火线圈——接好点火线圈线路接插件

【实施步骤】

一、拆卸火花塞

1. 拆装火花塞的注意事项:

(1) 拔下高压线接头时应轻柔,操作时不可用力摇晃火花塞绝缘体,否则会破坏火花塞密封性能。

(2) 发动机冷却后方可拆卸火花塞,拆卸火花塞前,先吹净火花塞周围的污物,以防火花塞旋出后污物落入燃烧室内。

(3) 固定螺丝周围、火花塞电极和密封垫必须保持清洁,干燥无油污,否则会引发漏电、漏气、火花减弱等故障。

(4) 安装时,先用套筒将火花塞对准螺孔,用手轻轻拧入,拧到约螺纹全长的1/2后,再用加力杠杆紧固。若拧动时手感不畅,应退出检查是否对正螺口或螺纹中有无夹带杂质,切不可盲目加力紧固,以免损伤螺孔,殃及缸盖,特别是铝合金缸盖。

(5) 应按要求力矩拧紧,过松会造成漏气,过紧会使密封垫失去弹性,同样会造成漏气。锥座型火花塞由于不用密封垫,遵守拧紧力矩尤显重要。火花塞安装拧紧力矩如表3.4.1所示。

表3.4.1 火花塞安装拧紧力矩

旋入长度	18		14		12	10
火花塞型式	平座形(用垫圈)	锥形	平座形(用垫圈)	锥形	平座形(用垫圈)	平座形(用垫圈)
铸铁缸盖(N·M)	35～45	20～30	25～35	15～25	15～25	10～15
铝缸盖(N·M)	35～40	20～30	25～30	10～20	15～22	10～12

2. 火花塞拆卸步骤如表3.4.2所示。

表3.4.2 火花塞拆卸步骤

(1) 维修前准备:实施6S管理,做好维修工作及耗品准备	(2) 将车辆停驻好,拉紧驻车制动器,将变速器置于空档位置。打开发动机舱盖,安装翼子板布和前格栅保护罩

续　表

（3）脱下点火线圈线路连接器 	（4）拆下发动机缸盖罩 
（5）拆下点火线圈，坚固螺栓 	（6）吹净火花塞周围的污物 
（7）使用火花塞套筒依次拆卸火花塞 	（8）将火花塞按缸数顺序摆放整齐，用专用清洁剂清洁并晾干 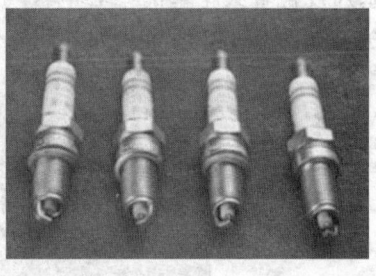

二、火花塞的一般检测方法

检测火花塞的方法有：

1. 目视法

正常的火花塞应该表面干净，颜色为棕色或黄白色。混合气过浓，供电系统不良，空气滤清器脏堵，火化塞热值用错等都可能引起火花塞表面积碳发黑或油污，需要清理或更换。

火花塞顶端有疤痕或破损，电极出现溶化、烧蚀现象时，则火花塞已经毁坏，应该更换火花塞。

2. 电阻测量法

用万用表 Ω 档测量火花塞绝缘电阻，阻值应 $\geqslant 10$ MΩ。

3. 就车试验法

就车连续5次将发动机转速迅速提高到4 000 r/min，然后熄火，拆下火花塞，检查其电极状况。若电极干燥，火花塞可用；若电极潮湿，则需要更换火花塞。

4. 跳火法

旋下火花塞，放在气缸体上，用高压线试火，若无火花或火花较弱，表明火花塞漏电或不工作，如图3.4.1所示。

图3.4.1　火花塞跳火试验

5. 火花塞间隙测量

用塞尺规检查火花塞的中心电极与接地电极间的间隙，如果没有塞尺规，可简单用目测法，如图3.4.2所示。如若间隙偏离规定值时，应进行调整。

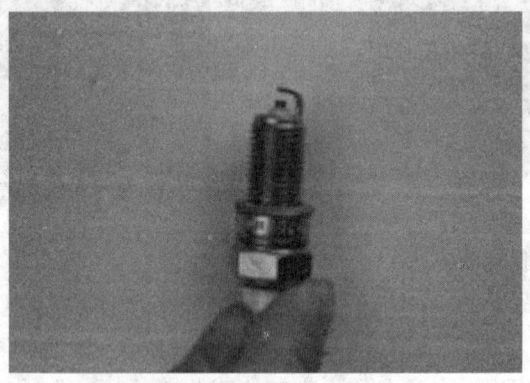

图3.4.2　目测火花塞间隙

三、安装火花塞

火花塞安装步骤与拆卸步骤相反（具体参考拆卸步骤）。

【评价与反馈】

对本学习任务进行评价，如表 3.4.3 火花塞的检查与更换评分表所示。

表 3.4.3　火花塞的检查与更换评分表

班级：_____　　　组别：_____　　　姓名：_____

序号	考核内容	配分	评分标准	得分	备注
1	作业前整理工位	5	酌情扣分		
2	打开并支撑发动机舱盖	3	操作不当扣 3 分		
3	安装汽车保护罩	3	酌情扣分		
4	检查变速器是否位于空挡或 P 挡	3	操作不当扣 3 分		
5	正确使用工具仪器	5	操作不当扣 5 分		
6	脱下点火线圈线路接插件	5	操作不当扣 5 分		
7	拆下点火线圈	5	操作不当扣 5 分		
8	吹净火花塞周围的污物	5	操作不当扣 5 分		
9	依次拆卸火花塞	8	酌情扣分		
10	整齐摆放火花塞	5	操作不当扣 5 分		
11	目视检测火花塞并做记录	6	操作不当扣 6 分		
12	测量火花塞绝缘电阻并做记录	6	操作不当扣 6 分		
13	跳火试验火花塞	8	酌情扣分		
14	测量火花塞间隙并做记录	5	操作不当扣 5 分		
15	安装火花塞	10	酌情扣分		
16	安装点火线圈	8	酌情扣分		
17	接好点火线圈线路接插件	5	检查不当扣 5 分		
18	清理工位	5	酌情扣分		
19	遵守相关安全规范，因违规操作造成人身和设备事故的，总分按 0 分处理					
分数合计					

学习任务 5

喷油器的检修与清洗测试

【任务描述】

一辆宝骏630轿车，行驶里程60 000 km，车主反映发动机转速不稳、动力不足、加速不良，有抖动现象。经维修人员检查，发现二缸喷油器工作异常。现需要对喷油器进行拆卸检查、清洗，必要时进行更换，任务完成后交付验收。

【学习目标】

一、知识目标
1. 能叙述喷油器的结构、作用及工作原理；
2. 能叙述喷油器类型及常见故障现象；
3. 能绘制和分析喷油器控制电路。
二、技能目标
1. 能正确检测喷油器，判断喷油器的技术状况；
2. 能熟练规范地操作喷油器清洗检测仪。

建议学时：6学时

【知识准备】

电控发动机燃油供给系统主要由燃油箱、电动燃油泵、燃油压力调节器、汽油滤清器、燃油管、汽油减压器、燃油分配管、喷油器等组成。其中喷油器是燃油供给系统中非常重要的一个执行器，它是一种加工精度非常高的精密器件，要求其动态流量范围大，抗堵塞和抗污染能力强，雾化性能优良。

一、喷油器概述

1. 喷油器的作用

喷油器的作用是按发动机的工况要求，定时、定量给发动机喷射雾化良好的燃油。

2. 喷油器的结构组成

喷油器是由燃油滤网、喷油器插头、电磁线圈、回位弹簧、衔铁、针阀、轴针等组成。如图 3.5.1 所示。

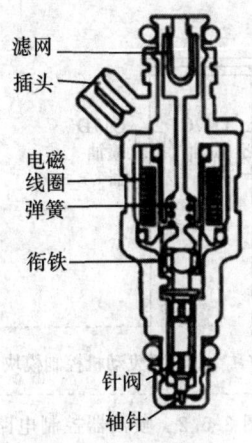

图 3.5.1 喷油器的结构示意图

3. 喷油器的类型

（1）按喷油口的结构可以分为轴针式喷油器和孔式喷油器。

1）轴针式电磁喷油器。喷油时衔铁带动针阀从其座面上升约 0.1 mm，燃油从精密间隙中喷出。为使燃油充分雾化，针阀前端磨出一段喷油轴针，喷油器吸动及下降时间约为 1~1.5 ms。

2. 孔式电磁喷油器。孔式喷油器有单孔式和多孔式之分，汽油机喷油器一般采用多孔式喷油器。

（2）按喷油器的电阻值高低可以分为高阻值喷油器和低阻值喷油器。高阻值喷油器约为 12~17 Ω，低阻值喷油器约为 2~3 Ω。

（3）按喷油器的驱动方式可以分为电流驱动方式和电压驱动方式。电流驱动方式只适用于低阻值喷油器，而电压驱动方式对高阻值喷油器和低阻值喷油器均可使用。

4. 喷油器的工作原理

喷油器是一种执行器，在电脑 ECU 的控制下，喷油器的电磁线圈有电流通过时，产生的电磁场力克服回位弹簧的压紧力而使针阀打开，喷油器喷油。电脑 ECU 给喷油器电磁线圈的通电时间决定了喷油量的大小。

5. 喷油器的控制电路

喷油器的控制电路如图3.5.2所示。

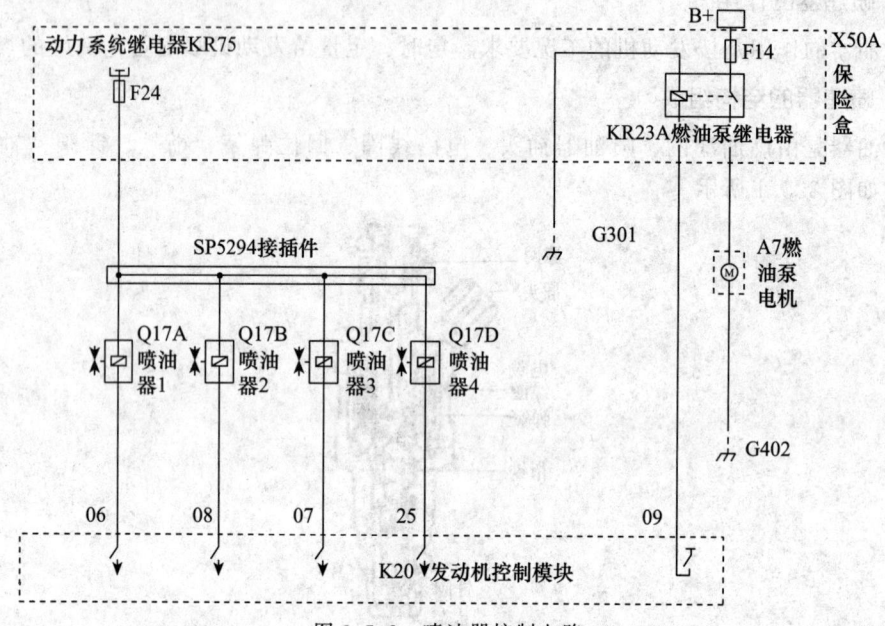

图 3.5.2　喷油器控制电路

二、喷油器的常见故障现象

喷油器常见的故障包括机械故障和电路故障。

1. 机械故障

机械故障包括喷油器阀芯卡滞、喷油器阻塞及泄露，当喷油器出现上述故障后，会引起机械动作失效，从而影响发动机的正常运转，有时甚至会使发动机出现严重故障。

（1）喷油器阀芯卡滞。喷油器的工作是由发动机电脑ECU发出信号，喷油器的电磁线圈通电后产生吸力从而驱动喷油器针阀动作。由于针阀与阀座的间隙被残存的粘胶物阻塞，致使针阀动作发涩不能正常打开，从而影响正常的喷油量。

产生喷油器卡滞的主要原因是使用了劣质汽油，劣质汽油中的石蜡和胶质会导致喷油器针阀卡滞。

喷油器发生针阀卡滞故障后，发动机会出现启动困难、急速不稳、加速不良等症状。

（2）喷油器阻塞。喷油器阻塞故障可分为喷油器内部阻塞和喷油器头部、外部阻塞。喷油器内部阻塞产生的原因，多是汽油中混入杂质和污物阻塞喷油器内部针阀的运动间隙，使喷油器机械动作异常。

当喷油器发生堵塞故障后，发动机会相应出现启动困难、急速不稳、加速不良等症状，情况严重时甚至会造成发动机严重抖动，并引发相关机械原件异常磨损的情况。

（3）喷油器泄露。喷油器泄露故障一般分为内部泄漏和外部泄露两种情况。

① 喷油器内部泄露。喷油器内部泄露的原因多是其在使用中早期磨损，造成其在系统压力的作用下，不断向进气歧管内泄露燃油。

当喷油器发生内部泄漏后，会造成喷油器喷射出的燃油雾化不好，引起发动机运转不平稳，混合气燃烧不完全，排气管冒黑烟等现象，并会导致车辆的燃油消耗量明显增加。

② 喷油器外部泄露。喷油器外部泄露大多是由喷油器和油轨连接处密封不严导致。

若汽油泄漏在进气歧管外部，油滴在气缸体上，遇热后会在发动机舱内蒸发，一旦出现电火花，随时都会引起火灾，后果很严重。喷油器发生外部泄漏会导致发动机起动困难、急速熄火、动力下降、耗油量增加、运转喘振和加速不良等故障。另外，当喷油器与进气管连接处的密封面破损后，还会导致进气系统泄漏，致使额外的空气进入发动机燃烧室，造成混合气偏稀，引发发动机运转异常。

2．电路故障

喷油器的电路故障包括其电源电路故障和控制信号电路故障，喷油器电路出现故障将导致喷油器无法喷油。

三、喷油器清洗检测仪功能简介

1．超声波清洗功能：同时对多个喷油嘴进行强力清洗，彻底清除喷油器上的顽固积碳。

2．均匀性检测功能：检测同一车辆各种转速下多个喷油器喷油量的均匀性。

3．雾化性检测功能：观察各个喷油器的雾化情况和喷油角度。

4．密封性检测功能：检测喷油器的密封性及滴漏情况。

5．喷油量检查功能：检查喷油器在各种工况下的喷油量。

6．自动清洗检查功能：在特定的工况参数下，真实模拟喷油器在各种工况下的测试。

【任务准备】

一、工、量具及材料的准备

1．设备及相关物品：宝骏630轿车及其维修手册、喷油器检测清洗仪、喷油器、车内外护套、零件车、压缩气体。

2．工、量具：14～16号开口扳手、15～17号开口扳手、鲤鱼钳、直径5 mm内六方接头、接杆、棘轮扳手、一字螺丝刀、十字螺丝刀。

3．材料：抹布等。

二、检测项目、检测流程的准备

1. 检测项目

机械故障检测、电阻检测、电压检测、喷油量检测、均匀性检测、雾化性能检测、滴漏检测、自动清洗检查。

2. 检测流程分析

电阻检测、电压检测可以就车检测,喷油量检测、均匀性检测、雾化性能检测、滴漏检测、自动清洗检查需要在喷油器清洗检测仪上检测。

【实施步骤】

一、喷油器就车检测

喷油器就车检测项目的检测步骤按表3.5.1实施。

表3.5.1 喷油器就车检测项目的检测步骤

(1) 维修前准备:实施6S管理,做好工、量具和仪器的准备	(2) 将车辆停驻好,拉紧驻车制动器,将变速器置于空档位置。打开发动机舱盖,安装翼子板布和前格栅保护罩
(3) 脱下喷油器线路连接器	(4) 测量各缸喷油器的电阻值,并做好记录。标准阻值在12～17 Ω之间

(5) 接通点火开关,测量喷油器电源端电压值,并做好记录。测量值应该为系统电压	(6) 测量喷油器控制端电压值,并做好记录。测量值在3～5 V之间,用试灯在发动机运转状态下测量时应闪亮
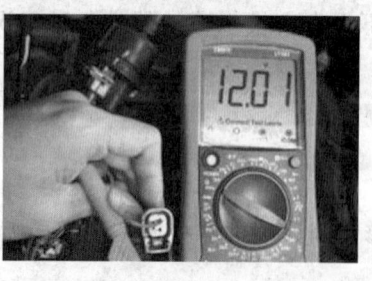	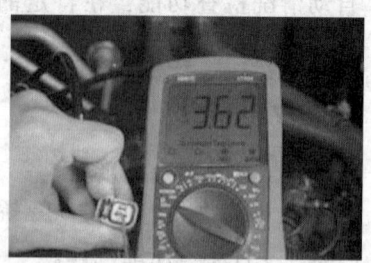
(7) 接好喷油器线路接插件,依次检测其余所有喷油器	(8) 重复接通点火开关,使系统油压上升,观察喷油器是否有泄漏

二、喷油器清洗检测仪检测项目

喷油器清洗检测仪检测项目的检测步骤按表3.5.2实施。

表3.5.2 喷油器清洗检测仪检测项目的检测步骤

(1) 维修前准备：实施6S管理，做好工、量具和仪器的准备	(2) 将车辆停驻好，拉紧驻车制动器，将变速器置于空档位置。打开发动机舱盖，安装翼子板布和前格栅栅保护罩
(3) 对系统油压进行泄压处理（可断开油泵电路，起动发动机直至熄火）	(4) 脱下喷油器线路接插件
(5) 拆下油轨	(6) 取下喷油器，并按顺序摆放整齐 
(7) 把喷油器安装至喷油器清洗检测仪上，接好插头，锁紧固定螺母 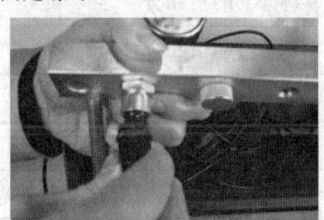	(8) 打开喷油器清洗检测仪电源开关 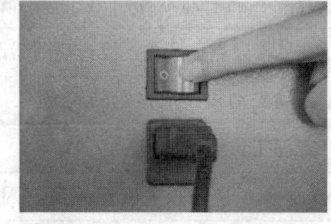
(9) 超声波清洗：选择"超声波清洗菜单"和"清洗时间"，按下清洗仪运行开关，开始清洗喷油器 	(10) 喷油量检测：选择"喷油量检测菜单"和"清洗时间"，按下清洗仪运行开关，开始检测喷油量 
(11) 检测"喷油量测试"时，边测试边观察各缸喷油器喷雾质量，并做好记录	(12) 喷油量检测测试结束后，记录各缸喷油器的喷油量，并计算各缸喷油器的喷油偏差量
(13) 选择"滴漏检测"菜单，选择测试时间，按启动键，观察各缸喷油器滴漏情况，并做好记录	(14) 检测项目测试完毕，装复喷油器，起动发动机，应运转正常

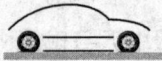【评价与反馈】

对本学习任务进行评价，如表 3.5.3 喷油器就车检测项目评分表和表 3.5.4 喷油器清洗检测仪检测项目评分表所示。

表 3.5.3 喷油器就车检测项目评分表

班级：_____ 组别：_____ 姓名：_____

序号	考核内容	配分	评分标准	得分	备注
1	作业前整理工位	5	酌情扣分		
2	打开并支撑发动机舱盖	3	操作不当扣 3 分		
3	安装汽车保护罩	3	酌情扣分		
4	检查变速器是否位于空挡或 P 挡	3	操作不当扣 3 分		
5	正确使用工具、仪器	5	酌情扣分		
6	脱下喷油器线路接插件	5	操作不当扣 5 分		
7	测量各缸喷油器的电阻值，并做好记录	25	酌情扣分		
8	测量各缸喷油器电源电压，并做好记录	12	酌情扣分		
9	测量各缸喷油器控制电压，并做好记录	12	酌情扣分		
10	重复接通点火开关，检查喷油器泄漏情况	15	酌情扣分		
11	起动发动机，应该运转正常	6	操作不当扣 6 分		
12	清理工位	6	酌情扣分		
13	遵守相关安全规范，因违规操作造成人身和设备事故的，总分按 0 分处理				
分数合计					

表 3.5.4 喷油器清洗检测仪检测项目评分表

班级：_____ 组别：_____ 姓名：_____

序号	考核内容	配分	评分标准	得分	备注
1	作业前整理工位	5	酌情扣分		
2	打开并支撑发动机舱盖	3	操作不当扣 3 分		
3	安装汽车保护罩	3	酌情扣分		
4	检查变速器是否位于空挡或 P 挡	3	操作不当扣 3 分		
5	正确使用工具、仪器	5	酌情扣分		
6	对系统油压进行泄压处理	8	酌情扣分		
7	脱下喷油器线路接插件	5	操作不当扣 5 分		
8	拆下油轨	5	操作不当扣 5 分		
9	取下喷油器，并按顺序摆放整齐	5	操作不当扣 5 分		
10	超声波清洗喷油器	10	酌情扣分		
11	安装喷油器至清洗检测仪上	5	操作不当扣 5 分		
12	喷油器量均匀性检测	10	酌情扣分		
13	各缸雾化性能检测	8	酌情扣分		
14	各缸喷油器滴漏检测	10	酌情扣分		
15	装复喷油器，发动机运转正常	10	酌情扣分		
16	清理工位	5	酌情扣分		
17	遵守相关安全规范，因违规操作造成人身和设备事故的，总分按 0 分处理				
	分数合计				

学习任务 6

电动燃油泵的检修

【任务描述】

一辆宝骏630轿车，行驶里程70 000 km，车主反映车辆在行驶过程中慢慢熄火，然后多次打火都无法启动。于是打电话把车拖到4S店进行检修，经维修人员检查，发现电动燃油泵工作异常。现需要对电动燃油泵及其控制电路进行检修，必要时进行元件更换，任务完成后交付验收。

【学习目标】

一、知识目标

1. 能叙述电动燃油泵的结构、作用及工作原理；
2. 能叙述电动燃油泵的类型及常见故障现象；
3. 能绘制和分析电动燃油泵的控制电路。

二、技能目标

1. 能熟练检测电动燃油泵，并判断其好坏；
2. 能熟练排除电动燃油泵的一般故障。

建议学时：6学时

【知识准备】

一、电动燃油泵概述

汽车发动机工作时，燃油被燃油箱中的电动燃油泵加压往外输送，经燃油滤清器过滤后送到喷油总管，给各缸的喷油器提供一定的油压，喷油器再根据发动机工况适时、适量喷射燃油。

1. 电动燃油泵的结构组成

电动燃油泵通常装于燃油箱内部，这样燃油可以对油泵电机起润滑和冷却作用。电动燃油泵主要组成有油泵体、电动机、安全阀、止回阀和外壳等。

电动燃油泵一般在出油口处都设置有止回阀，在进油腔和出油腔之间设有限压阀。止回阀用于防止燃油倒流，可使发动机熄火时油路保持一定的残余压力，以减少气阻，并确保下次发动机能够顺利起动；限压阀则用于限制系统的最高油压，当油压达到一定值（一般为 0.4~0.5 MPa）时，限压阀打开，进行泄压，以防止油路发生阻塞等意外情况时管路压力过高、油泵负荷过大而烧坏油泵。

2. 电动燃油泵的类型

电动燃油泵根据油泵体结构的不同，可分为滚柱泵、齿轮泵、涡轮泵等形式。

（1）滚柱泵。滚柱式燃油泵主要由壳体、偏心布置的带槽转子以及装于槽内的滚柱等组成。

当偏心转子在电动机驱动下旋转时，滚柱因离心力作用而紧靠壳体内壁，每两个滚柱之间形成一个油腔。随着转子的旋转，一边油腔由小变大，产生真空而形成吸油过程；另一边的油腔容积由大变小，产生高压而形成排油过程。

（2）齿轮泵。齿轮式燃油泵主要由壳体、泵套、带外齿的主动齿轮、带内齿的从动齿轮等组成。

主动齿轮由电动机带动，从动齿轮在泵套内可自由转动。主、从动齿轮齿数不同，但在旋转过程中，内、外齿廓线始终保持接触，从而形成多个工作腔。在主、从动齿轮旋转的过程中，这些工作腔的容积发生周期性变化。容积增大的工作腔从进油口转过，形成吸油过程，而容积减小的工作腔从出油口转过，形成排油过程。

（3）涡轮泵。涡轮式燃油泵主要由壳体、涡轮等组成。

当涡轮在电动机驱动下旋转时，在涡轮外缘每一个叶片沟槽的前后，由于液体的摩擦作用而产生压力差，由多个叶片沟槽所产生的压力差叠加后，使燃料压力升高，升压后的燃油经止回阀从出油口排出。

3. 电动燃油泵的控制电路

电动燃油泵控制电路应具备以下基本控制功能：点火开关接通时，如不起动发动机，则只给电动燃油泵通电工作 3~5 s，以便建立初始油压，为发动机起动做准备；如发动机持续运转，则给电动燃油泵持续通电，以便提供发动机运转所需的燃油；在发动机意外熄火的情况下，自动切断电动燃油泵的电源，以防发生危险。

某些车型还具有燃油泵转速调节功能，当发动机负荷较小、所需燃料较少时，给电动燃油泵提供较低的电压，使电动燃油泵低速运转；当发动机负荷较大、所需燃料较多时，给电动燃油泵提供较高的电压，使电动燃油泵高速运转。

以下介绍两种具有代表性的燃油泵控制电路。

(1) 转速信号控制型燃油泵控制电路。

这种电路的特点是利用发动机的转速信号来判断发动机的运转状态：有转速信号，表明发动机运转，油泵电路可以接通；没有转速信号，表明发动机不运转，油泵电路自动切断。电路原理如图 3.6.1 所示，日系车辆凯美瑞、花冠、皇冠等通常使用此类控制电路。

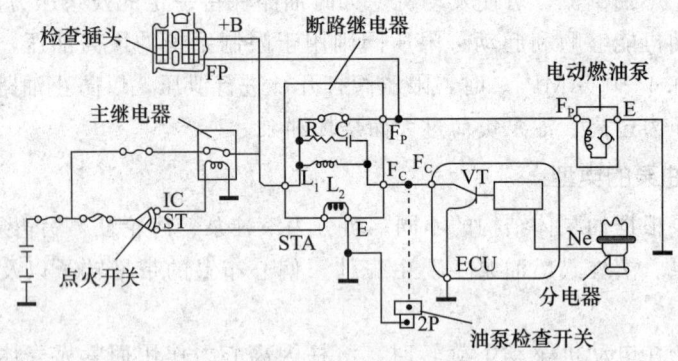

图 3.6.1 转速信号控制型燃油泵控制电路

如果将点火开关转至 IC 位但不起动发动机，主继电器被激励，与此同时，ECU 内的三极管 VT 会导通 3～5 s，使断路继电器通过线圈 L1 被激励 3～5 s，从而使电动燃油泵运转 3～5 s，以便建立初始油压，为发动机起动做准备。

如果将点火开关转至 ST 位置，断路继电器通过线圈 L2 被激励，电动燃油泵运转，此时，起动机电路也被接通，发动机开始运转，ECU 收到来自曲轴位置与转速传感器的转速信号 Ne，其内部的三极管 VT 导通，使断路继电器又通过线圈 L1 被激励。起动成功后，点火开关回到 IC 位，线圈 L2 断电，但线圈 L1 电路仍然被 ECU 接通，断路继电器维持激励状态，电动燃油泵继续运转。

如果发动机意外熄火，来自曲轴位置与转速传感器的转速信号 Ne 中断，ECU 内部的三极管 VT 立即截止，线圈 L1 的电路被切断，断路继电器的触点断开，电动燃油泵断电而停止运转。

为了便于进行故障诊断及其他维修操作，丰田车系发动机舱内设有诊断座（检查插头），诊断座内设有+B 脚和 FP 脚，由图 3.6.1 可知，点火开关转至 ON 位置但不起动发动机时，只要用短接线将+B 脚和 FP 脚短接，电动燃油泵就可以单独运转。

(2) 宝骏 630 燃油泵控制电路。

宝骏 630 燃油系统采用电子无回路请求式设计，无回路燃油系统可以避免热燃油从发动机返流回油箱，以降低燃油箱的内部温度，从而可以减少油蒸汽的排放。

宝骏 630 燃油泵控制电路如图 3.6.2 所示，它由保险 F14、KR23A 燃油泵继电器、A7 燃油泵电机和 K20 发动机控制模块组成。

当点火开关接通时，K20 发动机控制模块从 09 端子给 KR23A 燃油泵继电器的电磁线圈供电，电磁线圈在 G301 处搭铁构成电路回路，产生电磁场，力使 KR23A 燃油泵继电器触点闭合，A7 燃油泵电机从"B+"端经保险 F14、继电器触点得到电源，最后在 G402 处搭铁构成电路回路，A7 燃油泵电机工作。此时如果 K20 发动机控制模块检测不到点火参考脉冲信号，电动燃油泵将只能维持 2s 的工作时间，只在 K20 发动机控制模块检测到点火参考信号，油泵才能持续工作。

二、电动燃油泵的检测方法

当燃油泵不工作或燃油系统油压不正常时都有可能需要对燃油泵及其控制电路进行检测，通常的检测一般都包含以下内容：

1. 燃油泵运转测试

燃油泵运转测试可以通过使用专用故障检测仪测试或者采用燃油泵电路短接测试。

（1）使用专用故障检测仪测试。使用专用故障检测仪测试实际上是将诊断仪与诊断接口连接后，接通点火开关，打开故障检测仪，进入指定的程序菜单，执行"主动测试"——电动燃油泵开始运转，应该可以听到燃油泵运转声。否则可以断定燃油泵或者是其控制电路出现故障。

测试结束后，应退出上述菜单，关闭故障诊断仪，断开点火开关后，再断开诊断仪与诊断接口的连接，需要进行进一步的检测。

（2）使用燃油泵电路短接法测试。用短接线短接发动机舱内诊断座的+B 脚和 FP 脚（有些车型设置有这个检查连接器），将点火开关置 ON 位但不起动发动机——电动燃油泵开始运转，应该可以听到燃油泵运转声。对于没有设置检查连接器的车型，可以直接短接油泵继电器，也应该可以听到燃油泵运转声。否则可以断定燃油泵或者是其控制电路出现故障，需要进行下一步的检测。

2. 电动燃油泵的电阻检测

当怀疑电动燃油泵电机出现故障时，可以先使用万用表测量其电阻值是否正常，然后把机械方面的故障诊断放到后一步来进行。电动燃油泵电机的电阻值一般是 1～2 欧姆。

3. 燃油泵控制电路的故障诊断

由于不同车型的燃油泵控制电路及各电器元件的位置存在一定的差异，其电路检测的过程也会有一定的差异。但通常的电动燃油泵控制电路的检测流程如下：

电动燃油泵不能运转——油泵电机电阻值是否正常——电动燃油泵搭铁线是否正常——电动燃油泵电源是否正常——检查熔断丝是否正常——油泵继电器是否正常——油泵继电器电源线、控制线是否正常——油泵继电器到油泵的电源线是否正常——电脑模块是否正常。

三、检测燃油泵的注意事项

1. 在燃油泵的检测程序中，必须先关闭点火开关，然后拆卸蓄电池的负极线，再安装油压表等测试仪器。待测试仪器安装妥当，再安装蓄电池的负极线，最后打开点火开关进行测试。这样做的目的是避免因为误操作使发动机转动，或者因为线束误接地产生电火花，点燃泄漏的汽油而发生意外事故。

2. 检测燃油压力时，千万不可突然拧松油管接头，要注意卸去燃油系统中的残余压力。

泄压的一般方法是：预先在油管下方放置一个油盆收集汽油，慢慢地拧松油管接头，让燃油缓慢流出，用胶管将泄漏的燃油导入容器内，并在开口处放置棉布或者毛巾吸油，以免燃油四处喷射而污染环境和发生火灾。

3. 为了避免损伤发动机的电控单元，将电动燃油泵的接线端子与蓄电池正负极连接起来试验时，最好将蓄电池从车上拆下来，移到离汽车有一定距离的地方进行。

4. 燃油系统所有的密封垫圈都是一次性的，组装时必须更换新件，并且用汽油浸润，不得涂抹机油、齿轮油或者制动液。

5. 燃油压力检测结束后，要及时拧紧相关的管路，其拧紧力矩一般是：连接螺栓 39 N·m，螺母 34 N·m。最后还要检查系统是否有漏油。

四、电动燃油泵的常见故障

1. 燃油泵不转动

如果电动燃油泵不运转，说明燃油泵或者线路有故障，应该按照相关检测方法步骤进行检查。

2. 燃油泵能转动但不出油

燃油泵能够转动但是不出油的主要原因有：

（1）燃油泵的进油滤网堵塞。这种故障往往是由于加入劣质燃油或者是车辆使用年份太久引起的，此时可以用压缩空气吹净滤网和油道后就可以继续使用。

（2）燃油泵止回阀卡滞在关闭位置，进油口被堵塞，所泵的燃油无法进入输油管。

（3）卸压阀（或者安全阀）弹簧折断、阀门卡住在开放位置，所泵的燃油经过卸压阀（或者安全阀）流回了燃油箱。

（4）燃油泵泵体严重磨损。对于这种情况，只有更换燃油泵。

3. 泵油压力过低

泵油压力过低是指发动机的转速稳定，但油压低于额定值。泵油压力过低说明燃油泵已经磨损或者是燃油系统油路堵塞。在用压力表测试燃油泵的供油压力时，用手或钳子捏扁燃油压力调节器的回油软管，若此时油压仍然过低，说明燃油泵供油不足，其原因是燃油泵卸压阀（或者安全阀）漏油、进油滤网堵塞、叶轮及泵壳磨损等，应当更换燃油泵；若捏扁回油管后油压能上升到 300 kPa 以上，说明不是燃油泵的故障，应当检查燃油压力调节器是否损坏。

项目三　发动机模块的维护与检修

【任务准备】

一、工、量具及材料的准备

1. 设备及相关物品：宝骏630轿车及其维修手册、电动燃油泵、车内外护套。
2. 工、量具：常用拆装工具一套，汽车万用表一个，KT600诊断仪一套。
3. 材料：抹布、装油容器等。

二、检测流程的准备

1. 燃油泵试运转检测流程的准备（短接油泵继电器法）。
2. 燃油泵的电阻检测。
3. 燃油泵控制电路检测流程的准备。

【实施步骤】

对电动燃油泵的检测包括电动燃油泵试运转的检测、电动燃油泵的外观和电阻检测（单件检测）和电动燃油泵控制电路的检测（以宝骏630轿车为例）。

1. 电动燃油泵试运转的检测步骤按表3.6.1实施。

表3.6.1　电动燃油泵试运转的检测步骤

(1) 维修前准备：实施6S管理，做好维修工作及耗品准备	(2) 将车辆停驻好，拉紧驻车制动器，将变速器置于空档位置。打开发动机舱盖，安装翼子板布和前格栅保护罩
(3) 打开发动机罩下的保险丝盒，找到KR23A燃油泵继电器的位置	(4) 拔下KR23A燃油泵继电器，用短接线连接KR23燃油泵继电器的30～87端
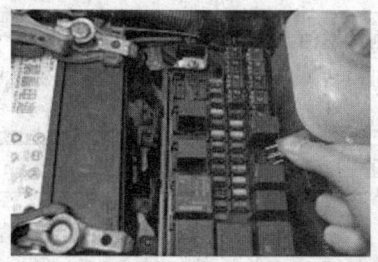	
(5) 打开油箱盖，在油箱加油口倾听油泵的运转声	

2. 电动燃油泵的外观和电阻检测（单件检测）

电动燃油泵的外观和电阻检测步骤按表 3.6.2 实施。

表 3.6.2 电动燃油泵的外观和电阻检测步骤

(1) 维修前准备：实施 6S 管理，做好维修工作及耗品准备	(2) 外观检查，看是否有裂纹、破损、脏污
(3) 把万用表打到 200 Ω 档，测量油泵电机端子，并做好记录 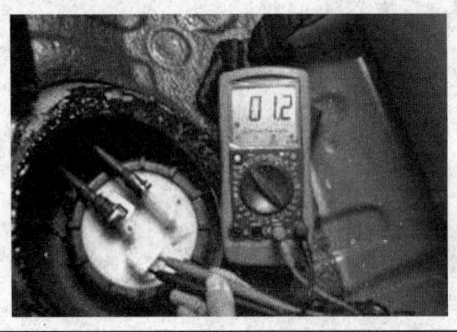	(4) 参照标准电阻值（1～3 Ω），判断油泵电机的好坏

3. 电动燃油泵控制电路的检测（以宝骏 630 轿车为例）

电动燃油泵控制电路的检测步骤按表 3.6.3 实施。

表 3.6.3 电动燃油泵控制电路的检测步骤

(1) 维修前准备：实施 6S 管理，做好维修工作及耗品准备	(2) 将车辆停驻好，拉紧驻车制动器，将变速器置于空档位置。打开发动机舱盖，安装翼子板布和前格栅保护罩
(3) 接通点火开关，倾听油泵是否有运转声	(4) 测试燃油泵继电器 KR23A 控制电路（K20 发动机模块 09 端至燃油泵继电器 KR23A86 端的线路）是否对搭铁短路
(5) 测试燃油泵继电器 KR23A 的性能好坏	(6) 检查燃油泵保险丝 F 14 是否正常
(7) 检查 A 7 油泵端子 3 和 4 线路是否正常 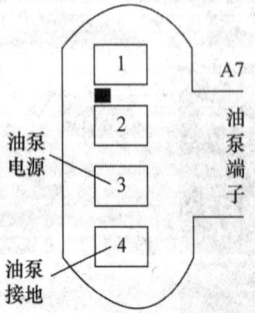	(8) 短接燃油泵继电器 KR23A 的 30～87 端，判定 K20 发动机模块的性能好坏 

项目三 发动机模块的维护与检修

【评价与反馈】

对本学习任务进行评价,如表3.6.4电动燃油泵试运转的检测评分表、表3.6.5电动燃油泵的外观和电阻检测评分表、表3.6.6电动燃油泵控制电路的检测评分表所示。

表3.6.4 电动燃油泵试运转的检测评分表

班级＿＿＿＿＿＿＿＿ 组别：＿＿＿＿＿＿＿ 姓名：＿＿＿＿＿＿＿

序号	考核内容	配分	评分标准	得分	备注
1	作业前整理工位	8	酌情扣分		
2	打开并支撑发动机舱盖	6	操作不当扣6分		
3	安装汽车保护罩	8	酌情扣分		
4	检查变速器是否位于空挡或P挡	5	操作不当扣5分		
5	正确使用工具仪器	8	酌情扣分		
6	打开发动机罩下的保险丝盒, 找到KR23A燃油泵继电器的位置	15	酌情扣分		
7	拔下KR23A燃油泵继电器,用短接线 连接KR23燃油泵继电器的"30～87"端	30	酌情扣分		
8	打开油箱盖, 在油箱加油口倾听油泵的运转声	10	酌情扣分		
9	清理工位	10	酌情扣分		
10	遵守相关安全规范,因违规操作造成人身和设备事故的,总分按0分处理				
			分数合计		

表3.6.5 电动燃油泵的外观和电阻检测评分表

班级：＿＿＿＿＿＿＿ 组别：＿＿＿＿＿＿＿ 姓名：＿＿＿＿＿＿＿

序号	考核内容	配分	评分标准	得分	备注
1	作业前整理工位	10	酌情扣分		
2	外观检查,看是否有裂纹、破损、脏污	25	酌情扣分		
3	把万用表打到200Ω档, 测量油泵电机端子,并做好记录	30	酌情扣分		
4	参照标准电阻值,判断油泵电机的好坏	25	酌情扣分		
5	清理工位	10	酌情扣分		
6	遵守相关安全规范,因违规操作造成人身和设备事故的,总分按0分处理				
			分数合计		

表 3.6.6　电动燃油泵控制电路的检测评分表

班级：_____　　组别：_____　　姓名：_____

序号	考核内容	配分	评分标准	得分	备注
1	作业前整理工位	5	酌情扣分		
2	打开并支撑发动机舱盖	3	操作不当扣 3 分		
3	安装汽车保护罩	3	酌情扣分		
4	检查变速器是否位于空挡或 P 挡	3	操作不当扣 3 分		
5	正确使用工具仪器	3	酌情扣分		
6	接通点火开关，倾听油泵是否有运转声	8	酌情扣分		
7	测试燃油泵继电器 KR23A 控制电路（K20 发动机模块 09 端至燃油泵继电器 KR23A86 端的线路）是否对搭铁短路	15	酌情扣分		
8	测试燃油泵继电器 KR23A 的性能好坏	15	酌情扣分		
9	检查燃油泵保险丝 F14 是否正常	10	酌情扣分		
10	短接燃油泵继电器 KR23A 的"30—87"端，判定 K20 发动机模块的性能好坏	15	酌情扣分		
11	检查 A7 油泵端子"3"和"4"线路是否正常	15	酌情扣分		
12	清理工位	5	酌情扣分		
13	遵守相关安全规范，因违规操作造成人身和设备事故的，总分按 0 分处理				
分数合计					

学习任务 7

点火线圈的检修

【任务描述】

一辆宝骏630轿车，行驶里程90 000 km，车主反映行驶过程中突然熄火，后面经过多次打火再也没有起动迹象。经检查，发现是点火线圈故障导致发动机无法启动。为排除故障需要对点火系统进行检测及维修，必要时进行更换，任务完成后交付验收。

【学习目标】

一、知识目标
1. 能叙述汽车电子点火控制系统的组成、作用、分类和工作原理；
2. 能叙述点火线圈类型及常见故障现象；
3. 能绘制和分析点火线圈电路；
4. 能叙述电子点火控制系统的控制策略。

二、技能目标
1. 能正确检测、判断点火线圈的好坏；
2. 能排除电子点火控制系统的一般故障。

建议学时：6学时

【知识准备】

一、电子点火控制系统概述

ECU控制的点火系统主要有ECU、传感器和点火线圈三大部分组成。其中ECU的功能是接收各种传感器传来的信号，并进行数据处理，再把控制指令（缸序信号和点火信号）输送到点火线圈，驱动点火线圈产生高压电。在点火控制系统中应用到的传感器主要有空气流量计（进气压力传感器）、发动机转速传感器、凸轮轴位置传感器、节气门位置传感器、冷却液温度传感器及爆震传感器等，它们的作用是监控发动机的运转状态，给 ECU 控制点火正时提供依据。

1. 电子点火控制系统的分类与组成

电子点火控制系统可分为有分电器式和无分电器式两种。

（1）有分电器式点火控制系统

有分电器式点火控制系统由蓄电池、点火开关、点火线圈、分电器、中央高压线、分缸线、火花塞、ECU 和相关传感器组成。这种比较传统的点火方式已趋于淘汰，现代车辆基本不采用。

（2）无分电器式点火控制系统

无分电器电子点火系统完全取消了传统的分电器，没有分电器盖和分火头，它由点火开关、点火线圈、火花塞、传感器及高压线等组成。如图 3.7.1 所示。

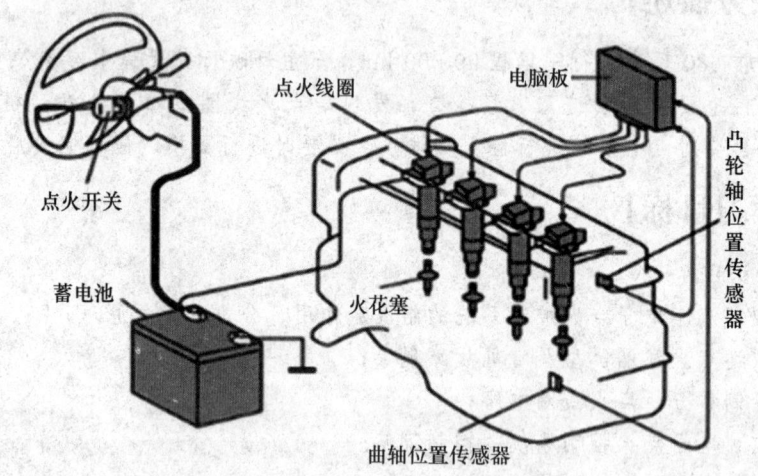

图 3.7.1 无分电器式点火控制系统图

点火线圈上的高压线直接与火花塞相连，不再需要分电器。发动机工作时，ECU 根据曲轴位置传感器、凸轮轴位置传感器、节气门位置传感器和水温传感器等检测的发动机转速、转角、负荷和温度等信号计算点火时刻，控制点火线圈产生的高压，并将其直接输送到各缸火花塞点燃混合气。

无分电器式点火控制系统又可分为二极管分配方式和点火线圈分配方式两大类。

1) 二极管分配式。二极管分配式无分电器点火系统采用同时点火方式，点火顺序为"1~3~4~2"的四缸发动机，1、4 缸和 2、3 缸各共用一个点火线圈。当 ECU 接收到曲轴位置传感器相应信号时，向点火线圈发出点火信号，点火线圈的控制回路使相应的三极管截止，一次线圈中的电流被切断，在二次线圈中感应出下"+"上"—"的高压电，经 4 缸和 1 缸火花塞构成回路，两个火花塞均跳火，此时 1 缸接近压缩终了，混合气被点燃，而 4 缸正在排气，火花塞点火无效。同理，当 2、3 缸火花塞同时点火时，也只有处于压缩行程的气缸点火有效，处于排气行程的汽缸点火无效。

2) 点火线圈分配式。点火线圈分配式无分电器点火系统是将来自点火线圈的高压电直接分配给火花塞,有同时点火和单独点火两种形式。

同时点火方式即用一个点火线圈对到达压缩和排气上止点的两个气缸同时实施点火,处于压缩的一缸,混合气被点燃而做功,正在排气的另一缸火花塞点空火。

单独点火方式即为每一个气缸的火花塞配备一个点火线圈,单独直接地对每个气缸点火。这种单独点火系统由于取消了高压线,能量损失小,效率高,电磁干扰少,被现代车辆普遍采用。图3.7.2为宝骏630轿车单独点火方式的结构位置示意图。

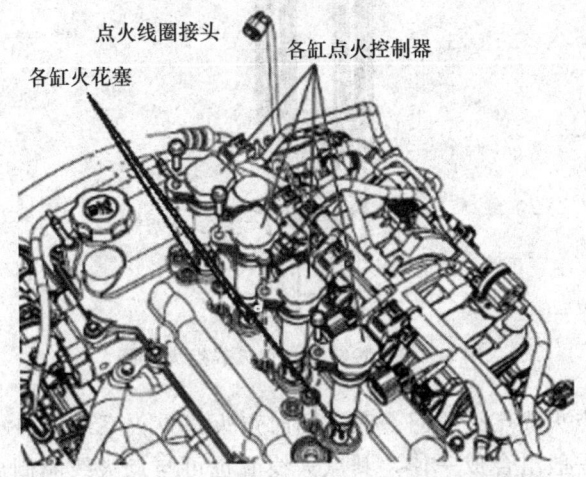

3.7.2 宝骏630轿车单独点火式的结构位置示意图

2. 点火线圈的结构及工作原理

发动机工作时,ECU根据接收到的各传感器信号,按存储器中存储的有关程序和数据,确定出最佳点火提前角和通电时间,并以此向点火线圈发出指令,控制点火线圈初级电路的导通和截止。当电路导通时,有电流从点火线圈中的初级电路通过,点火线圈将点火能量以磁场的形式储存起来。当初级电路被切断时,次级线圈中会产生很高的感应电动势(15~20 kV),经分电器或直接送至工作气缸的火花塞。

点火线圈按点火方式可以分为种缸独立点火式点火线圈和双缸同时点火式点火线圈两种。

(1) 各缸独立点火式点火线圈。各缸独立点火式点火系统的点火线圈只有一个高压接口,并各自独立地安装在火花塞上方。此时,由于点火线圈和火花塞相连,使高压电流流过的距离缩短,因而电压损失和电磁干扰也减少,点火系统的可靠性也得到提高。在某些车型上,点火控制器还与点火线圈制成一体,形成点火控制器—点火线圈组件,如图3.7.3所示。

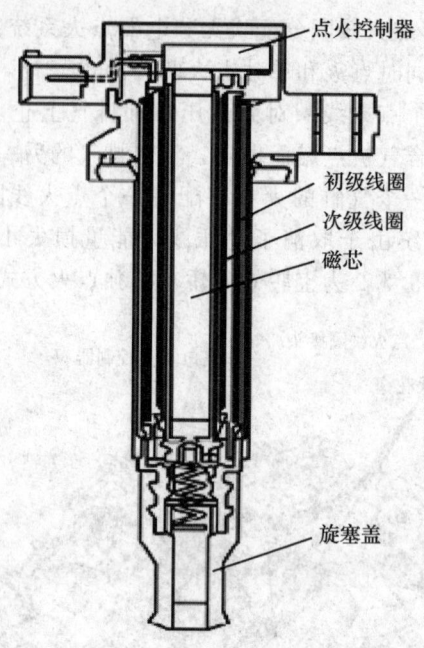

图 3.7.3　各缸独立点火式点火线圈

（2）双缸同时点火式点火线圈。双缸同时点火式点火系统的点火线圈有两个高压接口。各点火线圈一般组合成一体，其点火线圈也可与点火线圈制成一体，形成点火线圈—点火线圈组件，并依靠高压线与各火花塞相连，如图 3.7.4 所示。

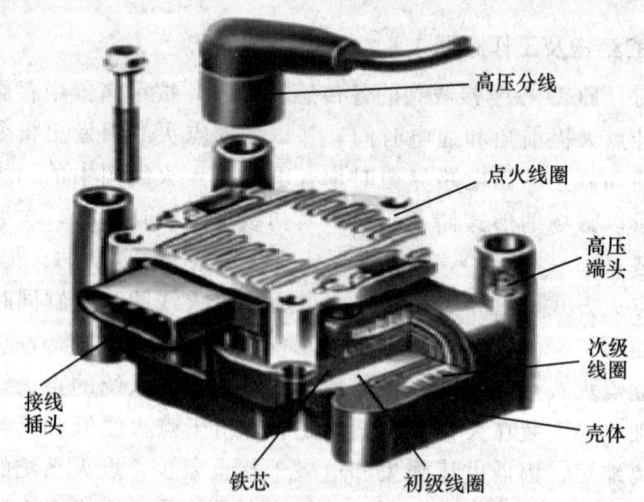

图 3.7.4　双缸同时点火式点火线圈

二、电控点火系统的控制策略

1. 点火提前角的控制策略

影响点火提前角的因素较为复杂。在电控点火系统中，实际点火提前角＝初始点火提前角＋基本点火提前角＋修正点火提前角（或延迟角）。

初始点火提前角是 ECU 根据发动机上止点位置确定的固定点火时刻，其大小随发动机而异。基本点火提前角是 ECU 根据发动机转速信号和进气歧管压力信号（或进气量信号），在存储器中查到这一工况下运转时相应的点火提前角。修正点火提前角（或延迟角）是 ECU 根据各种传感器传来的信号，对点火提前角进行修正，使控制更加准确。

点火提前角的控制包括两种基本情况：启动期间的点火时刻控制，即发动机起动时工况，按固定的初始点火提前角点火；启动后，发动机正常运行时，点火时刻由基本点火提前角和修正点火提前角（或延迟角）决定。进气歧管压力信号（或进气量信号）和发动机转速确定基本点火提前角，修正点火提前角（或延迟角）的修正项目随发动机而异，并根据发动机各自的特性曲线进行修正。如图 3.7.5 为点火提前角的修正项目。

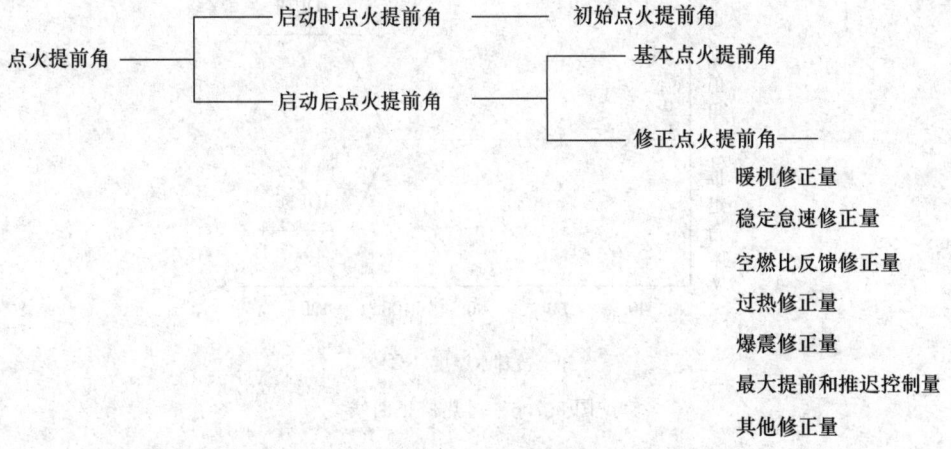

图 3.7.5　点火提前角的修正项目

（1）启动工况的点火时刻控制。在启动期间，发动机转速较低，由于进气歧管压力信号或进气量信号不稳定，一般点火时刻固定在初始点火提前角。初始点火角由 ECU 中的备用模块进行设定，一般是固定值。起动期间的控制信号主要是发动机转速信号和起动开关信号。

（2）起动后点火时刻控制。起动后点火时刻控制有基本点火提前角的控制和点火提前角的修正控制两个方面。

1）基本点火提前角的控制

在正常工况下运转时，节气门位置传感器的怠速触点断开，ECU 根据存储器的数据确定基本点火提前角。此时需要用到的控制信号主要有：进气歧管压力信号（或进气量信号）、发动机转速信号、节气门位置信号等。

在怠速工况下运行时，节气门位置传感器怠速触点闭合，此时，ECU 根据发动机转速信号和空调开关信号等确定基本点火提前角。

2）点火提前角的修正控制

① 暖机修正：发动机冷车起动后，当发动机冷却液温度较低时，应增大点火提前角，暖机过程中，随冷却液温度升高，点火提前角发生变化。暖机过程中，控制信号主要有：冷却液温度信号、进气歧管压力（或进气量）信号、节气门位置信号等。

② 过热修正：发动机处于正常运行工况（怠速触点断开），当冷却液温度过高时，为了避免产生爆震，应将点火提前角推迟。发动机处于正常运行工况（怠速触点闭合），冷却液温度过高时，为了避免长时间过热，应将点火提前角增大。过热修正控制信号主要有：冷却液温度信号、节气门位置信号。过热修正曲线如图 3.7.6 所示。

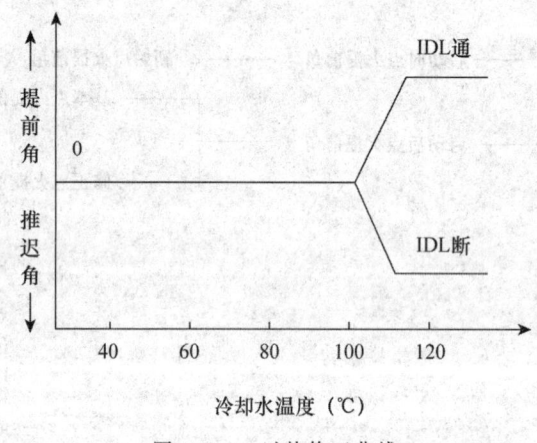

图 3.7.6 过热修正曲线

③ 怠速稳定性的修正：发动机在怠速运行期间，由于发动机负荷变化使发动机转速改变，ECU 要调整点火提前角，使发动机在规定的怠速转速下稳定运转。当发动机的实际转速低于目标怠速转速时，ECU 将根据与目标怠速转速差值的大小相应地增大点火提前角；反之，则推迟点火提前角。怠速稳定修正信号主要有：发动机转速信号、节气门位置的怠速触点信号、车速信号、空调开关信号等，如图 3.7.7 所示。

项目三 发动机模块的维护与检修

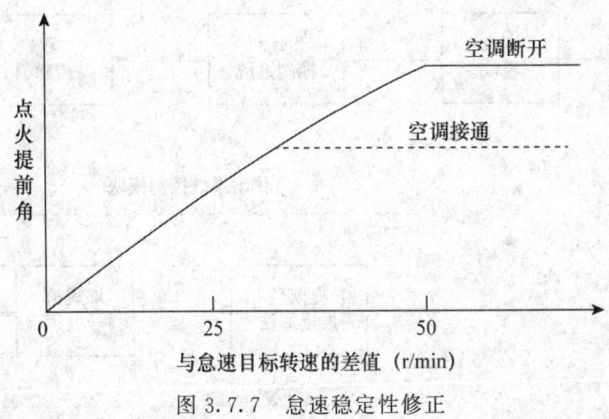

图 3.7.7 怠速稳定性修正

④ 最大和最小提前角控制：如果发动机实际点火提前角不合理，发动机很难正常运转。在初始点火提前角已设定时，受 ECU 控制的实际点火提前角则为基本点火提前角与修正点火提前角之和，该值应保证在某一范围内。最大提前角为 $35°\sim45°$，最小提前角为 $-10°\sim0°$。

2. 闭合角的控制策略

闭合角控制电路的作用是：根据发动机转速和蓄电池电压调节闭合角，以保证足够的点火能量。在发动机转速上升和蓄电池电压下降时，闭合角控制电路使闭合角加大，延长点火线圈初级电路的通电时间，确保点火能量。在发动机转速下降和蓄电池电压较高时，闭合角控制电路使闭合角减小，即缩减一次侧电路的通电时间，确保一次线圈的安全。

3. 发动机爆震的控制策略

闭环控制所用的反馈信息可以是发动机的爆震信号、转速信号或气缸的压力信号等。最常见的是利用发动机的爆震信号作为反馈信息，用来控制大负荷等工况下的点火提前角；在怠速等工况，则常用发动机的转速信号作为反馈信息，从而尽可能维护怠速时稳定运转；中等负荷等工况，则一般采用开环控制方式，但在此工况下一旦发生爆震，又会自动转入利用爆震信号作为反馈信息的闭环控制方式。

利用发动机爆震信号作为反馈信息的闭环控制方式中，爆震传感器将发动机的爆震状况反馈给 ECU，一旦爆震程度超过规定的标准，ECU 立即发出点火系统推迟点火；当爆震程度低于规定的标准时，ECU 又会将点火时刻提前，循环调节点火时刻的结果，使发动机始终处于临界爆震的工作状态，此工作状态与发动机的技术状况无关。在此工作状态下，可使发动机获得最大的动力性能，经济性能也可以得到一定程度的改善。如图 3.7.8 所示。

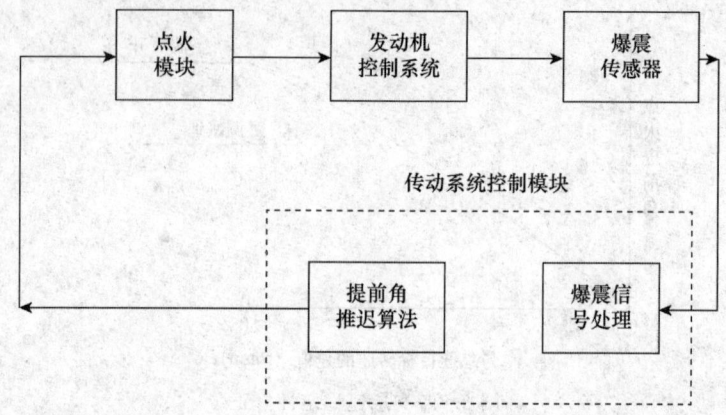

图 3.7.8　发动机爆震的控制策略

ECU 对点火提前角的调节有快速调节法和慢速调节法两种。采用快速调节法时，一旦发生爆震并需要调整提前角，则将点火提前角减小一个较大的固定值（5°～10°），使爆震迅速消除。之后，曲轴每转 5 周～20 周，就将点火提前角增大 1°或 0.5°；采用慢速调节法时，则每次将点火提前角减小 1°或其他较小值，直至爆震消除或进入轻微爆震区。一定时间内无爆震时，则每次将点火提前角增大 1°或其他较小值，直至进入轻微爆震区。慢速调节法比快速调节法更适合于闭环控制点火系统，因为它能较好地适应发动机技术状况缓慢的变化。有些系统则每次发生爆震均对点火提前角进行调节，爆震消除一段时间后，点火提前角又逐步增大。

三、点火线圈的检测

1. 单件检测

点火线圈的单件检测主要包括：外观检测，初级、次级线圈电阻的检测。

（1）外观检测。检查点火线圈的外观，应无裂纹、破损、脏污，否则予以更换。

（2）线圈电阻的检测。用万用表电阻档测量点火线圈的初级、次级线圈电阻，应符合下面的技术标准，否则说明有故障，应予以更换。

初级电阻：0.5 ± 0.05 W；次级电阻：$10\,000\pm300$ W

2. 点火线圈控制电路的检测

宝骏 630 轿车点火线圈的电路如图 3.7.9 所示。

项目三 发动机模块的维护与检修

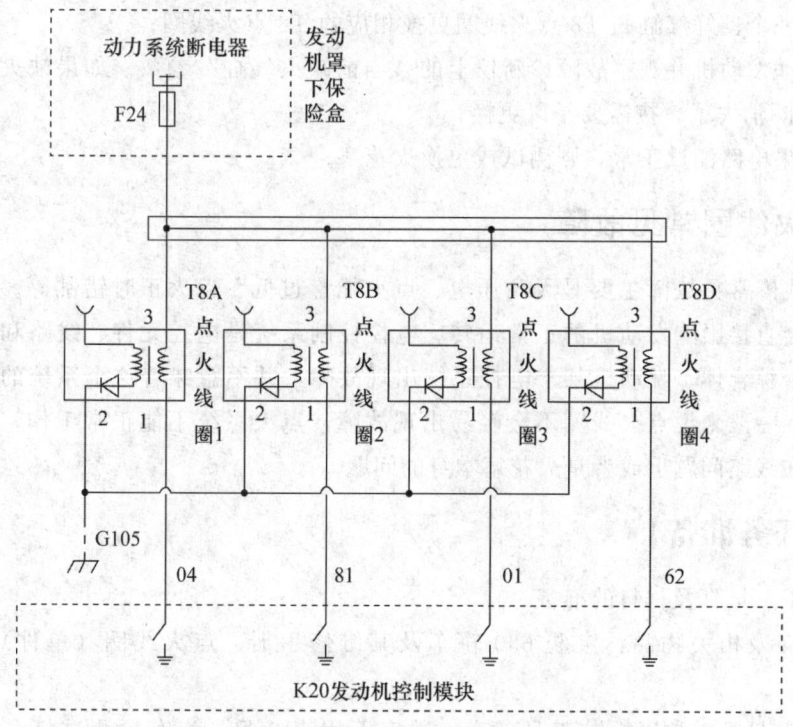

图 3.7.9 宝骏 630 轿车点火线圈电路图

（1）宝骏 630 轿车点火线圈的电路分析。宝骏 630 轿车采用各缸独立点火式点火，四个点火线圈分别直接安装在各缸的火花塞上，取消了高压分线。四个缸点火线圈的电源共同来自动力系统继电器、保险丝 F14、SP5293 接插器，然后分别进入各缸点火线圈的端子 3、初级线圈，最后从点火线圈的端子 1 出来，进入 K20 发动机控制模块内部搭铁，构成初级线圈的电路回路，一、二、三、四缸进入发动机控制模块的端子分别是 04、81、01、62。各缸点火线圈的次级线圈一端经过一个二极管端子 2 出来在 G105 处搭铁，另外一端直接接到各缸火花塞，火花塞通过连接螺纹搭铁到气缸盖上，构成高压电路的回路。这样，K20 发动机控制模块通过控制各缸点火线圈端子 1 的通断，就可以控制各缸的点火提前角。

（2）宝骏 630 轿车点火线圈的电路检测。点火线圈控制电路检测前需要做好以下准备：检查并确认发动机机械状态良好；确认线路连接正确。

点火线圈控制电路检测步骤及参数如下：

① 将点火开关置于 OFF 位置 90 秒钟，断开相应的点火线圈上的线束连接器。

② 测试端子 2 和搭铁之间的电阻是否小于 5Ω。如果大于规定范围，测试搭铁电路是否开路；

③ 点火开关置于 ON 位置，检查并确认点火电路端子 3 和搭铁之间的测试灯点亮。如果测试灯未点亮，则测试点火电路是否对搭铁短路或开路；

④ 用一个良好气缸的 T8 点火线圈更换相应的 T8 点火线圈；

⑤ 起动发动机并观察故障诊断仪上的"当前缺火气缸"参数。如果缺火随可疑的 T8 点火线圈消失了，按需要予以更换；

⑥ 如果电路测试正常，则测试或更换火花塞。

四、点火线圈常见故障

点火线圈常见故障主要是无高压电、点火能量过低、点火正时错乱等。点火线圈出现故障会直接影响发动机的正常运转。电控控制系统是电控元件、线路和电控单元组成的一个综合体，发动机某个电控系统出现故障，并不意味着这个系统的某个元件出现问题，一般来说点火线圈不会轻易出现故障，点火系统不能正常工作，更多的是可能出现在线路问题上或者是火花塞本身的问题。

【任务准备】

一、工、量具及材料的准备

1. 设备及相关物品：宝骏 630 轿车及其维修手册、点火线圈（单件）、车内外护套。

2. 工、量具：常用拆装工具一套、数字万用表 2 只、汽车检测试灯、KT600 诊断仪。

3. 材料：抹布等。

二、检测流程的准备

1. 单件检测：电阻检测（技术标准）

2. 就车检测：线路电压检测、故障诊断仪检测（技术标准和分析流程）

【实施步骤】

一、点火线圈的单件检测

对于点火线圈的单件检测，一般是先对元件进行外观检查，看是否有裂纹、破损、脏污。然后用万用表进行初级、次级线圈的电阻检测，初步判断点火线圈的好坏。点火线圈单件检测的步骤按表 3.7.1 实施（以 B12 发动机的点火线圈为例）。

项目三　发动机模块的维护与检修

表 3.7.1　点火线圈单件检测的步骤

(1) 维修前准备：实施 6S 管理，做好维修工作及耗品准备	(2) 外观检查，看是否有裂纹、破损、脏污
(3) 把万用表打到 200Ω 档，测量初级线圈的电阻值（端子 1~3），并做好记录	(4) 把万用表打到 20 kΩ 档，测量次级线圈的电阻值，并做好记录

(5) 参照标准电阻值，判断点火线圈的好坏	(6) 恢复工位，6S 清理

二、点火线圈的就车检测

下面以宝骏 630 轿车为例，对点火线圈线路进行检修，步骤按表 3.7.2 实施。

表 3.7.2　点火线圈线路检修的步骤

(1) 维修前准备：实施 6S 管理，做好工、量具，仪器的准备	(2) 将车辆停驻好，拉紧驻车制动器，将变速器置于空档位置，安装车轮挡块
(3) 打开发动机舱盖，安装车内外三件套	(4) 检查并确认发动机机械状态良好，确认线路连接正确
(5) 将点火开关置于 OFF 位置 90 秒钟，断开相应的点火线圈上的线束连接器	(6) 测试点火线圈端子 2 和搭铁之间的电阻是否小于 5 欧

(7) 测试点火线圈端子 1 和相对应的电脑端子之间的电阻是否小于 5 欧	(8) 点火开关置于 ON 位置，检查并确认点火线圈端子 "3" 和搭铁之间的测试灯点亮

续表

(9) 用试灯夹子端接电瓶正极，试灯笔点接点火线圈端子1，发动机打火时试灯应闪亮 	(10) 用良好的火花塞直接接到点火线圈打火试跳火，火花塞应该跳火正常 
(11) 恢复工位，6S清理	

【评价与反馈】

对本学习任务进行评价，如表3.7.3 点火线圈的单件检测评分表和表3.7.4 点火线圈的就车检测评分表所示。

表3.7.3 点火线圈的单件检测评分表

班级：_____ 组别：_____ 姓名：_____

序号	考核内容	配分	评分标准	得分	备注
1	作业前整理工位	10	酌情扣分		
2	外观检查，看是否有裂纹、破损、脏污	15	酌情扣分		
3	把万用表打到200 Ω档，测量初级线圈的电阻值（端子1~3），并做好记录	25	酌情扣分		
4	把万用表打到20 kΩ档，测量次级线圈的电阻值，并做好记录	25	酌情扣分		
5	参照标准电阻值，判断点火线圈的好坏	15	判断不当扣15分		
6	清理工位	10	酌情扣分		
7	遵守相关安全规范，因违规操作造成人身和设备事故的，总分按0分处理				
分数合计					

表 3.7.4 点火线圈的就车检测评分表

班级：_____ 组别：_____ 姓名：_____

序号	考核内容	配分	评分标准	得分	备注
1	作业前整理工位	3	酌情扣分		
2	打开并支撑发动机舱盖	3	操作不当扣3分		
3	安装汽车保护罩和车轮挡块	3	酌情扣分		
4	检查变速器是否位于空挡或P挡	3	操作不当扣3分		
5	正确使用工具仪器	5	酌情扣分		
6	检查并确认发动机机械状态良好；确认线路连接正确	10	酌情扣分		
7	将点火开关置于OFF位置90秒钟，断开相应的点火线圈上的线束连接器	10	酌情扣分		
8	测试端子2和搭铁之间的电阻值	12	酌情扣分		
9	测试端子1和相对应的电脑端子之间的电阻值	12	酌情扣分		
10	检查并确认点火电路端子3和搭铁之间电阻值	12	酌情扣分		
11	用试灯笔测试点火线圈控制线	12	酌情扣分		
12	用火花塞试跳火测试点火线圈	12	酌情扣分		
13	恢复工位，6S清理	3	酌情扣分		
14	遵守相关安全规范，因违规操作造成人身和设备事故的，总分按0分处理				
分数合计					

学习任务 8

曲轴位置传感器的检修

【任务描述】

一辆宝骏 630 轿车，行驶里程 70 000 km，车主反映车辆起动困难，加速不良，有滞后现象。经维修人员检查，发现曲轴位置传感器信号异常，现需要对曲轴位置传感器进行检测与维修，必要时进行更换，任务完成后交付验收。

【学习目标】

一、知识目标
1. 能叙述曲轴位置传感器的结构、作用及工作原理；
2. 能叙述曲轴位置传感器类型及常见故障现象。

二、技能目标
1. 能熟练检测曲轴位置传感器，判断传感器的好坏；
2. 能熟练使用工具拆卸、更换曲轴位置传感器。

建议学时：4 学时

【知识准备】

一、曲轴位置传感器概述

1. 曲轴位置传感器功用

曲轴位置传感器又称为发动机转速与曲轴转角传感器，其功用是采集曲轴转动角度和发动机转速信号，并输入电子控制单元 ECU，以便确定点火时刻和喷油时刻。凸轮轴位置传感器又称为气缸识别传感器，它的功用是采集配气凸轮轴的位置信号，并输入 ECU，以便 ECU 识别气缸 1 压缩上止点，从而进行顺序喷油控制、点火时刻控制和爆燃控制。此外，凸轮轴位置信号还用于发动机起动时识别出第一次点火时刻。

2. 曲轴位置传感器的类型、结构及工作原理

曲轴位置传感器主要分为磁电感应式、霍尔效应式和光电式三种类型。

(1) 磁电感应式曲轴位置传感器的结构及工作原理

磁电感应式曲轴位置传感器通常被安装在分电器内。传感器由永久磁铁、铁芯、感应线圈和转子组成，转子随分电器轴一起旋转，永久磁铁和感应线圈则固定在分电器体上。发动机曲轴旋转时，分电器轴跟着转动，传感器的转子跟着分电器轴同步旋转，这样转子与缠绕着感应线圈的铁芯之间的磁隙就会发生变化，通过感应线圈的磁通量会随着磁隙的变化而变化，这样分电器每转一圈，感应线圈就会产生一个周期的变化电压，发动机ECU通过检测感应线圈的电压变化周期就可以感知发动机的实际转速。

(2) 霍尔效应式曲轴位置传感器的结构及工作原理

霍尔效应式曲轴位置传感器是一种利用霍尔效应原理工作的信号发生器。霍尔信号发生器一般被安装在分电器内，与分电器轴同步旋转，由封装的霍尔芯片和永久磁铁做成一个整体固定在分电器盘上。触发叶轮上的缺口数和发动机气缸数目相同。当触发叶轮上的叶片进入永久磁铁与霍尔元件之间时，霍尔触发器的磁场被叶片旁路，这时不产生霍尔电压，传感器无信号输出；当触发叶轮上的缺口部分进入永久磁铁和霍尔元件之间时，磁力线进入霍尔元件，霍尔电压升高，传感器有电压信号输出。

(3) 光电式曲轴位置传感器的结构及工作原理

光电式曲轴位置传感器一般装在分电器内，由信号发生器和带光孔的信号盘组成。其信号盘与分电器轴一起转动，信号盘外圈有360条光刻缝隙，产生曲轴转角1°的信号；稍靠内有间隔60°均布的6个光孔（六缸发动机），产生曲轴转角120°的信号，其中1个光孔较宽，用以产生相对1缸上止点的信号。信号发生器安装在分电器壳体上，由两只发光二极管、两只光敏二极管和电路板组成。每个发光二极管都正对着一个光敏二极管。信号盘位于发光二极管和光敏二极管之间，由于信号盘上有光孔，因此会产生透光和遮光交替变化现象。当发光二极管的光束照到光敏二极管时，光敏二极管产生信号电压；当发光二极管光束被档住时，光敏二极管电压为0。这些电压信号经电路部分整形放大后，即向电子控制单元输送曲轴转角为1°和120°时的信号，电子控制单元根据这些信号计算发动机转速和曲轴位置。

随着现代汽车技术的发展，发动机的点火系统已基本取消了分电器，曲轴位置传感器的安装位置绝大多数被转移到了变速器壳体上，它们的工作原理也是不一样的。

二、宝骏630轿车曲轴位置传感器

宝骏630轿车曲轴位置传感器安装在变速器壳体上，如图3.8.1所示。用来检测曲轴转速及曲轴转角信号，将此信号输入ECU，以决定点火和喷油时刻。它的控制电路如图3.8.2所示。

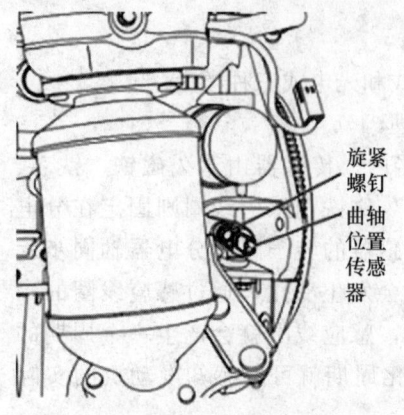

图 3.8.1　曲轴位置传感器安装位置

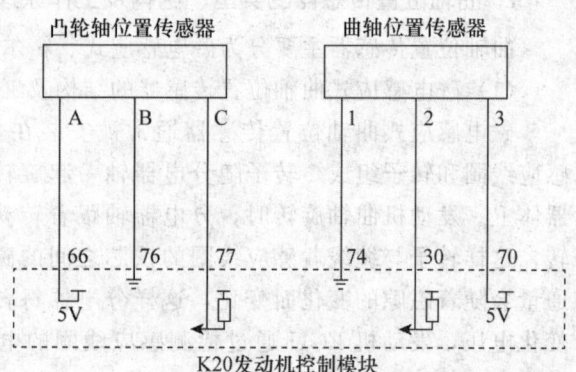

图 3.8.2　曲轴位置传感器控制电路图

曲轴位置传感器有 1、2、3 三个接线端子，分别接入 K20 发动机控制模块端子 74、30、70，对应的功能是接地、信号输出、5 V 电源。

三、曲轴位置传感器的检测

1. 磁电感应式曲轴位置传感器的检测

以皇冠 3.0 轿车 2JZ-GE 型发动机电子控制系统中使用的磁脉冲式曲轴位置传感器为例，介绍其检测方法。

（1）电阻检查。点火开关置于 OFF，拔开曲轴位置传感器的导线连接器，用万用表的电阻档测量曲轴位置传感器上各端子间的电阻值，如表 3.8.1 所示。如电阻值不在规定的范围内，必须更换曲轴位置传感器。

表 3.8.1　曲轴位置传感器的电阻值

端子	条件	电阻值（Ω）
G1-G-	冷态	125～200
	热态	160～235
G2-G-	冷态	125～200
	热态	160～235
Ne-G-	冷态	155～250
	热态	190～290

（2）输出信号的检测。拔下曲轴位置传感器的导线连接器，当发动机转动时，用万用表的电压档检测曲轴位置传感器上 G1-G-、G2-G-、Ne-G- 端子间是否有脉冲电压信号输出。如没有脉冲电压信号输出，则须更换曲轴位置传感器。

（3）感应线圈与正时转子的间隙检查。用厚薄规测量正时转子与感应线圈凸出部分的空气间隙,其间隙应为 0.2~0.4 mm。若间隙不合要求,则须更换分电器壳体总成。

2. 光电式曲轴位置传感器的检测

以韩国现代 SONATA 汽车为例,介绍光电式曲轴位置传感器的检测方法。

(1) 传感器的线束检查。检查时,先脱开曲轴位置传感器的导线连接器,把点火开关置于 ON,用万用表的电压档测量线束侧端子"4"与"接地"间的电压应为 12 V,线束侧端子 2 和端子 3 与"接地"间电压应为 4.8~5.2 V。用万用表的电阻档测量线束侧端子 1 与接地间应为 0 Ω 或接近于 0 Ω。

(2) 传感器输出信号检测。用万用表电压档接在传感器侧端子 3 和端子 1 上,在起动发动机时,电压应为 0.2~1.2V。在起动发动机后的怠速运转期间,用万用表电压档检测端子 2 和端子 1 电压应为 1.8~2.5V。否则应更换曲轴位置传感器。

3. 霍尔式曲轴位置传感器的检测

以宝骏 630 轿车为例,介绍霍尔式曲轴位置传感器的检测方法。

霍尔式曲轴位置传感器主要是通过测量有无输出电脉冲信号来判断其技术状态。霍尔式曲轴位置传感器与 ECU 一般有三条引线相连,其中一条是 ECU 向传感器加电压的电源线,输入传感器的电压为 5 V;另一条是传感器的输出信号线,当飞轮齿槽通过传感器时,霍尔传感器输出脉冲信号,高电位为 5 V,低电位为 0.3 V;第三条是接地线。

用万用表电阻档测量霍尔式传感器的电阻时,表的读数应该为开路状态,如果显示有电阻,则应更换曲轴位置传感器。

四、曲轴位置传感器的常见故障

曲轴位置传感器的常见故障是无信号输出或者是电压信号微弱,曲轴位置传感器无信号输出、电压信号微弱都会导致发动机起动困难,有些车型甚至无法起动。造成故障的原因可能有传感器线路(电源线、接地线、信号线)的问题,传感器本身的问题,也有可能是发动机电控单元的问题,还有可能是传感器本体与转子之间的间隙不符合要求造成,所示当传感器输出信号异常时,我们要全方位地检测诊断,不要轻意认定就是传感器本身出现故障而更换传感器。

【任务准备】

一、工、量具及材料的准备

1. 设备及相关物品:宝骏 630 轿车及其维修手册、车内外护套。
2. 工、量具:常用拆装工具一套、数字万用表、KT600 诊断仪。
3. 材料:抹布等。

二、检测流程的准备

主要是传感器的技术标准和检测方法的准备

【实施步骤】

以宝骏630轿车为例，对霍尔式曲轴位置传感器的检修步骤按表3.8.2实施。

表3.8.2 霍尔式曲轴位置传感器的检修步骤

(1) 维修前准备：实施6S管理，做好工、量具、仪器的准备	(2) 将车辆停驻好，拉紧驻车制动器，将变速器置于空档位置，安装车轮挡块
(3) 打开发动机舱盖，安装车内外三件套 	(4) 检查并确认曲轴位置传感器线路连接正确 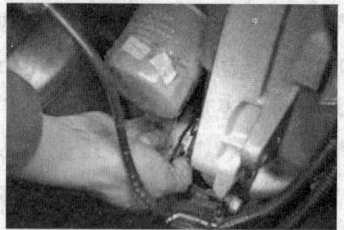
(5) 断开点火开关，连接诊断仪	(6) 按正确流程读取曲轴位置传感器有无故障代码
(7) 若无故障代码，将诊断仪进入读取数据流界面，打火观察曲轴位置传感器的数据 	(8) 关闭点火开关，脱开曲轴位置传感器的连接器 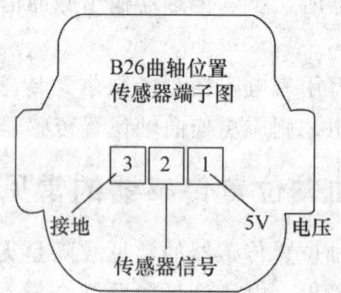
(9) 接通点火开关，用万用表测试端子1和端子3之间的是否有5V电压 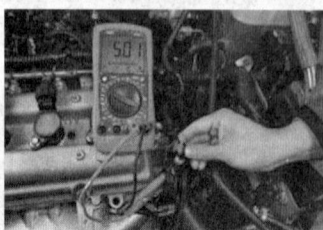	(10) 断开点火开关，用万用表200欧姆量程测量端子1和电脑模块端子74、端子3和电脑模块端子70、端子2和电脑模块端子30之间的电阻值是否都小于5Ω 

续 表

| （11）接好传感器连接器，再次打火观察曲轴位置传感器的数据，如读不到正常数据，更换曲轴位置传感器 | （12）恢复工位，6S清理 |

【评价与反馈】

对本学习任务进行评价，如表3.8.3 曲轴位置传感器的检测评分表所示。

表3.8.3 曲轴位置传感器的检测评分表

班级：_____ 组别：_____ 姓名：_____

序号	考核内容	配分	评分标准	得分	备注
1	作业前整理工位	3	酌情扣分		
2	打开并支撑发动机舱盖	3	操作不当扣3分		
3	安装汽车保护罩和车轮挡块	3	酌情扣分		
4	检查变速器是否位于空挡或P挡	3	操作不当扣3分		
5	正确使用工具仪器	3	酌情扣分		
6	检查并确认曲轴位置传感器线路连接正确	8	酌情扣分		
7	断开点火开关，连接诊断仪	8	酌情扣分		
8	按正确流程读取曲轴位置传感器有无故障代码	12	酌情扣分		
9	将诊断仪进入读取数据流界面，打火观察曲轴位置传感器的数据	12	酌情扣分		
10	关闭点火开关，脱开曲轴位置传感器的连接器	5	酌情扣分		
11	接通点火开关，用万用表测试端子1和端子3之间的是否有5 V电压	12	酌情扣分		
12	断开点火开关，用万用表200欧姆量程测量端子1和电脑模块端子74、端子3和电脑模块端子70、端子2和电脑模块端子30之间的电阻值是否都小于5 Ω	17	酌情扣分		
13	更换曲轴位置传感器	8	酌情扣分		
14	恢复工位，6S清理	3	酌情扣分		
15	遵守相关安全规范，因违规操作造成人身和设备事故的，总分按0分处理				
	分数合计				

学习任务 9

节气门位置传感器的检修

【任务描述】

一辆宝骏 630 轿车，行驶里程 80 000 km，车主反映行驶过程中车速不稳、加速不良，有游车现象。经维修人员检查，发现电子节气门工作异常。现需要对电子节气门进行检修，必要时进行更换，任务完成后交付验收。

【学习目标】

一、知识目标
1. 能叙述节气门位置传感器的结构、作用及工作原理；
2. 能叙述节气门位置传感器类型及常见故障现象；
3. 能绘制和分析节气门位置传感器电路；
4. 能叙述电子节气门控制系统的控制策略。

二、技能目标
1. 能正确检测、判断节气门位置传感器的好坏；
2. 能排除节气门位置传感器的一般故障。

建议学时：4 学时

【知识准备】

一、节气门位置传感器概述

1. 节气门位置传感器的作用

节气门位置传感器安装在节气门体上，用于检测节气门的开度及其开启速度，并且把节气门的这种状态转化为电信号输送给电控单元 ECU，ECU 利用该信号对喷油量、点火正时、急速等进行修正控制，以实现某些特定的控制功能。例如：加速及大负荷工况时对混合气进行适度加浓,急速工况时维持转速稳定,强制急速(挂挡下坡、急减速等)时进行断油控制等。可见,该传感器发生故障时,可能会带来发动机加速不良、最大功率不足、急速不稳等方面的问题。

另外,节气门位置传感器还是自动变速器换挡控制的主要传感器之一,对自动换挡影响重大,发生故障时可能会引起不能换挡、换挡冲击等方面的问题。

节气门位置传感器在空气供给系统中的安装位置如图 3.9.1 所示。

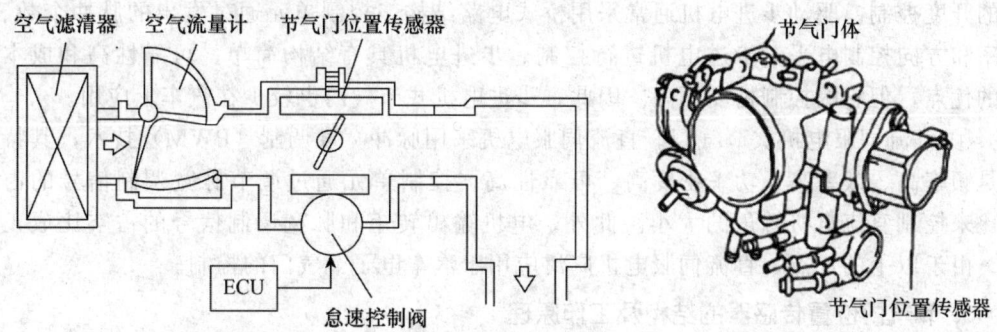

图 3.9.1 节气门位置传感器的安装位置

2. 节气门位置传感器的类型

节气门位置传感器按结构大致可分为触点开关式、滑线电阻式、复合式和电子节气门等。

(1) 触点开关式节气门位置传感器。触点开关式节气门位置传感器输出的是简单的开关信号,可以用于判断发动机的急速、大负荷等几个简单的工况点。

(2) 滑线电阻式节气门位置传感器。滑线电阻式节气门位置传感器输出的是连续的电压信号,可以用于判断发动机负荷的连续变化情况。

(3) 复合式节气门位置传感器。复合式节气门位置传感器同时输出开关信号和连续的电压信号,既可以判断简单的工况点,又可以判断负荷的连续变化。

(4) 电子节气门位置传感器。为了提高汽车行驶的安全性、动力性、平稳性及经济性,并减少排放污染,现代汽车推出了控制特性优良的电子节气门。采用电子节气门控制系统,节气门开度控制更加精确,这样一方面可以提高燃油经济性、减少排放,同时系统响应更加迅速,操控性能更加良好;另一方面,电子节气门控制系统还可实现急速控制、巡航控制和车辆稳定控制等的集成,简化了控制系统结构。

电子节气门位置传感器按控制方式又可分为:

① 电液式节气门。电液式节气门,大多数应用在有液压系统的工程机械中。它具有结构简单、成本低、驱动力大、功耗低等特点,其电液控制的转换主要通过高速开关数字阀来实现,控制精度高,对液压油没有太高的要求。但是由于液压系统存在供油压力波动、液压执行机构之间的摩擦力以及阀所具有的启闭特性等方面的影响,致使其位置响应不精确,速度响应慢。因此,电液式节气门很少应用在汽车上。

②线性电磁铁式节气门。电磁铁式节气门用比例电磁铁作为控制器。它用电磁力作为驱动力，其中控制信号为电流信号，具有结构简单、体积小、控制方便、响应速度快、稳态精度好等优点。但它的最大作用力受到线圈匝数和最大工作电流的限制，而且在一定的工作负荷下所需的电功耗相对较大。因此，线性电磁式节气门很少在汽车上应用。

③步进电机式节气门。步进电机式节气门通过步进电机直接驱动节气门轴实现油门的开度控制。驱动步进电机通常采用桥式电路结构，控制单元通过发出的脉冲个数、频率和方向控制电平对步进电机进行控制。步进电机具有结构简单、可靠性高和成本低的优点，但它的控制精度不高。因此，步进电机式节气门也较少在汽车上应用。

④直流伺服电机式节气门。直流伺服电机采用脉冲宽度调制（PWM）技术，其特点是频率高、效率高、功率密度高、可靠性高。控制单元通过调节脉宽调制信号的占空比来控制直流电机转角的大小。此外，电机输出转矩和脉宽调制信号的占空比成正比。由于以上的优点，直流伺服电机广泛应用于汽车电子节气门的控制。

3. 节气门位置传感器的结构及工作原理

节气门位置传感器的结构及工作原理基本相同，下面重点介绍触点开关式、复合式以及电子节气门位置传感器的结构及工作原理。

（1）触点开关式节气门位置传感器（TPS）结构及工作原理。

这种节气门位置传感器主要由节气门轴、怠速触点（IDL）、大负荷触点（又称功率触点PSW）及随节气门轴转动的凸轮等组成，其结构、电路及所产生的信号如图3.9.2所示。

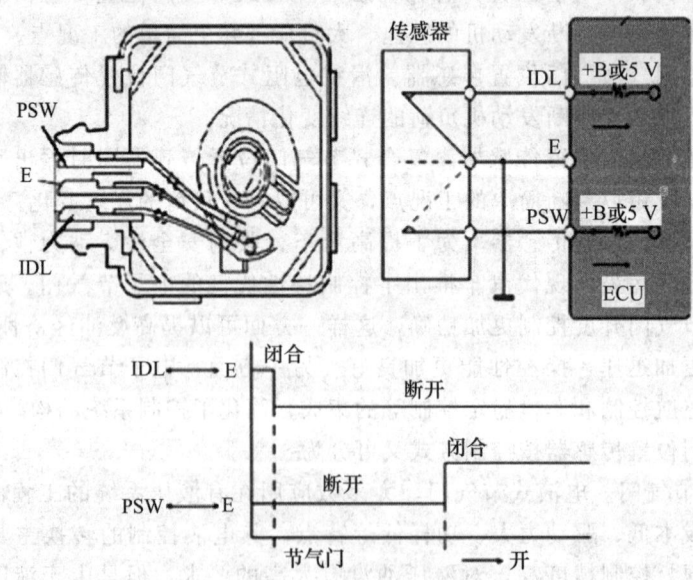

图3.9.2 触点开关式节气门位置传感器结构、电路及信号

ECU 通过线路分别向 IDL、PSW 这两个触点输出 5 V 的信号参考电压，触点闭合时，该线路被搭铁，信号参考电压变为 0 V，ECU 接收到低电平信号"0"；触点张开时，线路没有被搭铁，信号参考电压维持为 5 V，ECU 接收到高电平信号"1"。

当 IDL 信号和 PSW 信号分别为 1、0 时，ECU 判定节气门处于怠速位置，因而对发动机进行怠速方面的控制，包括：正常水温低怠速、低水温高怠速、开空调高怠速、强制怠速断油等。

当 IDL 信号和 PSW 信号分别为 0、1 时，ECU 判定发动机处于大负荷状态，因而对发动机进行大负荷加浓控制，即适当增大喷油量，以提高发动机的功率。

当 IDL 信号和 PSW 信号分别为 0、0 时，ECU 判定发动机处于部分负荷状态，因而根据其他传感器信号确定喷油量和点火正时，以确保发动机的经济性和排放性能。

（2）复合式节气门位置传感器结构及工作原理。

这种节气门位置传感器包括滑线电阻式传感器和怠速触点两个部分，主要由滑线电阻、滑动触点、节气门轴、怠速触点及传感器壳体等组成。其结构和电路原理如图 3.9.3 所示，其滑线电阻制作在传感器底板上，一端由 ECU 提供 5 V 工作电源（VC 脚），另一端通过 ECU 搭铁；滑线电阻的滑臂与信号输出端子 VTA 相连，并随节气门轴一同转动；怠速触点的一端由 ECU 提供 5 V（或 12 V）的信号参考电压（IDL 端子），另一端也通过 ECU 搭铁。

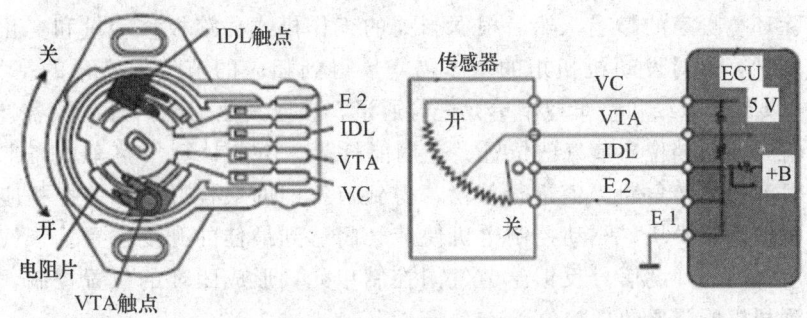

图 3.9.3　复合式节气门位置传感器结构、电路

节气门开度变化时，滑臂上的触点在滑线电阻上滑动，从而从滑线电阻上获得分压电压，并作为节气门开度信号输送给 ECU。

由于该传感器可以检测到节气门开度的连续变化情况，因而 ECU 可以实现更多的控制功能，例如：加速加浓控制、空气流量信号替代控制（即空气流量传感器发生故障时，利用节气门位置和发动机转速计算进气量）等。

传感器中的怠速触点专门用于判断发动机的怠速状态，部分汽车则取消了怠速触点，通过滑线电阻式传感器信号的阈值来判断怠速状态，从而简化了节气门位置传感器的结构。

(3) 电子节气门位置传感器结构及工作原理。

电子节气门位置传感器外观结构如图 3.9.4（a）所示，它安装在节气门体上，省略掉了我们常见的怠速步进电机。内部结构如图 3.9.4（b）所示，是有驱动电机、节气门位置传感器和驱动传递机构（小齿轮、中间齿轮和扇形齿轮）三个组成部分。

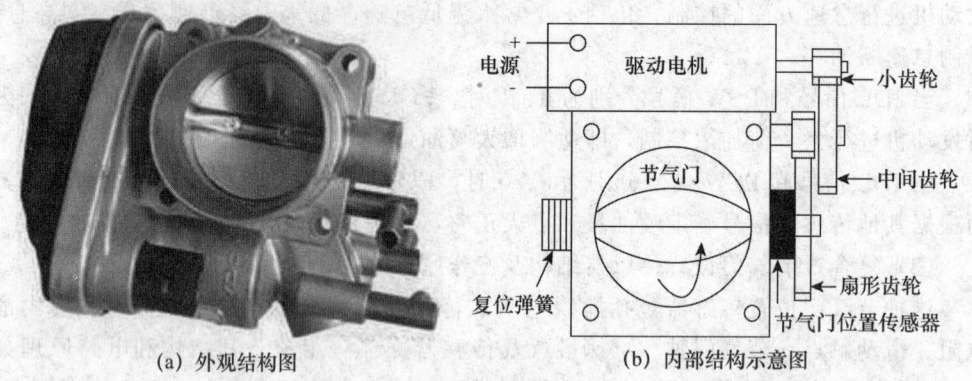

(a) 外观结构图　　　　(b) 内部结构示意图

图 3.9.4　电子节气门位置传感器

电子节气门控制系统的工作原理是这样的：驾驶员操纵加速踏板，加速踏板位置传感器产生相应的电压信号输入发动机 ECU，发动机 ECU 首先对输入的信号进行滤波，以消除环境噪声的影响，然后根据当前的工作模式、踏板移动量和变化率分析驾驶员意图，计算出对发动机扭矩的基本需求，得到相应的节气门转角的基本期望值。然后再经过 CAN 总线和整车控制单元进行通讯，获取其他工况信息以及各种传感器信号如发动机转速、档位、节气门位置、空调能耗等，由此计算出整车所需求的全部扭矩，通过对节气门转角期望值进行补偿，得到节气门的最佳开度，并把相应的电压信号发送到驱动电路模块，驱动控制电机使节气门达到最佳的开度位置。节气门位置传感器则把节气门的开度信号反馈给节气门控制单元，形成闭环的位置控制，使节气门的开度达到司机所需要的理想位置。

电控单元 ECU 还可以对系统的功能进行监控，如果发现电子节气门控制系统故障，将点亮系统故障指示灯，提示驾驶员系统有故障。同时电磁离合器被分离，节气门不再受电机控制。节气门在回位弹簧的作用下返回到一个较小开度的位置，使车辆能够慢速开到维修地点。

(4) 宝骏 630 轿车电子节气门的电路分析。

宝骏 630 轿车电子节气门的控制电路如图 3.9.5 所示。

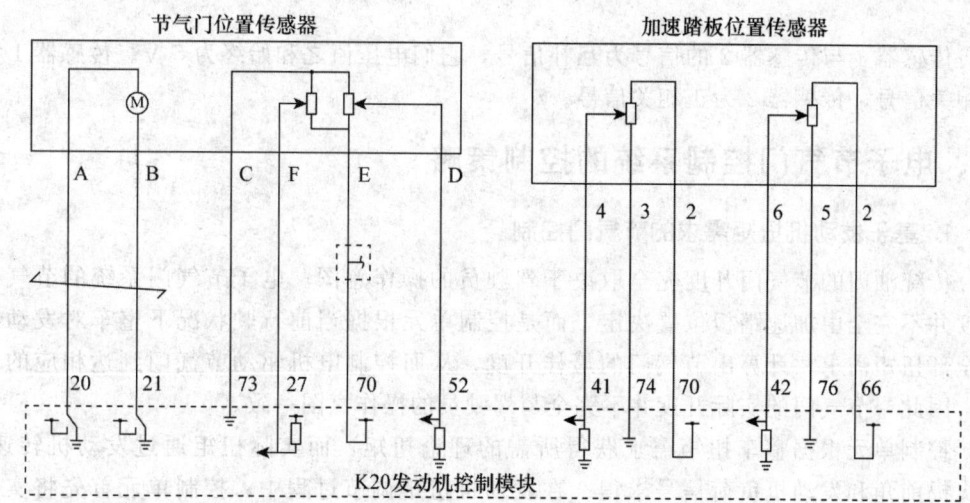

图 3.9.5 宝骏 630 轿车电子节气门控制电路

该电子节气门控制系统利用两个节气门位置传感器监测节气门的状态。节气门位置传感器 1 和节气门位置传感器 2 位于节气门体总成内。传感器具有以下电路：

一个 5 V 参考电压电路，一个低电平参考电压电路，两个信号电路。同时还使用两个处理器以监测节气门执行器控制系统数据。两个处理器位于发动机控制模块 ECU 内。每个信号电路都向两个处理器提供与节气门刮片位移量成比例的信号电压。两个处理器互相监测彼此的数据，以确认所显示的节气门位置计算正确。

节气门位置传感器 1 故障诊断典型数据如表 3.9.1 所示。

表 3.9.1 节气门位置传感器 1 故障诊断典型数据

电路	对搭铁短路	开路	对电压短路
正常范围：4.75~0.35 V，随着加速踏板输入而变化			
5V Reference（5 V 参考电压）	0 V	0 V	5 V
Signal（信号）	0 V	0 V	5 V
Low Reference（低电平参考电压）		5 V	

节气门位置传感器 2 故障诊断典型数据如表 3.9.2 所示。

表 3.9.2 节气门位置传感器 2 故障诊断典型数据

电路	对搭铁短路	开路	对电压短路
正常范围：0.25~4.59 V，随着加速踏板输入而变化			
5V Reference（5 V 参考电压）	0 V	5 V	5 V
Signal（信号）	0 V	0 V	5 V
Low Reference（低电平参考电压）		5 V	

传感器 1 与传感器 2 的信号为互补信号，它们电压值之和始终为 5 V。传感器 1 为负相关信号，传感器 2 为正相关信号。

二、电子节气门控制系统的控制策略

1. 基于发动机扭矩需求的节气门控制

传统油门的节气门开度完全取决于驾驶员的操作意图。电子节气门系统的节气门开度并不完全由加速踏板位置决定，而是控制单元根据当前行驶状况下整车对发动机的全部扭矩需求，计算出节气门的最佳开度，从而控制电机驱动节气门到达相应的开度。因此，节气门的实际开度并不完全与驾驶员的操作意图一致。

控制单元根据整车扭矩需求获得所需的理论扭矩，而实际扭矩通过发动机转速、点火提前角和发动机负荷信号求得。在发动机扭矩调节过程中，控制单元首先将实际扭矩与理论扭矩进行对比，如果两者有偏差，发动机电控系统将通过适当的调节作用使实际扭矩值和理论扭矩值一致。

2. 传感器冗余设计

电子节气门系统采用两个踏板位置传感器和两个节气门位置传感器，传感器两两反接，实现阻值的反向变化，即两个传感器阻值变化量之和为零。对两个传感器施加相同的电压，两者输出的电压信号也相应反向变化，且其和始终等于供电电压。

从控制角度上讲，使用一个传感器就可以使系统正常运转，但冗余设计可以使两个传感器相互检测，当一个传感器发生故障时能及时被识别，在很大程度上增加了系统的可靠性，保证行车的安全性。

3. 可选的工作模式

驾驶员可根据不同的行车需要，通过模式开关选择不同的工作模式，一般有正常模式、动力模式和雪地模式三种，区别在于节气门对加速踏板的响应速度不同。在正常模式下，节气门对加速踏板的响应速度适合于大多数行驶工况。在动力模式下，节气门加快对加速踏板的响应速度，发动机能提供额外的动力。在附着较差的工况下（比如：雪地、雨天）驾驶员可选择雪地模式驾驶车辆，此时节气门对加速踏板的响应降低，发动机输出的功率比正常情况下小，使车轮不易打滑，保持车辆稳定行驶。

4. 海拔高度补偿

在海拔较高的地区，大气压下降，空气稀薄，氧气含量下降，会导致发动机输出动力下降。此时电子节气门系统可按照大气压强和海拔高度的函数关系对节气门开度进行补偿，保证发动机输出动力和加速踏板位置的关系保持稳定。

5. 控制功能扩展及其原理

现代电子节气门控制系统，可实现牵引力控制、巡航控制、怠速控制、减少换档冲击控制等多种控制功能，既提高行驶可靠性，又使结构简化，成本降低。

三、节气门位置传感器常见故障

节气门位置传感器常见故障主要是触点接触不良、传感器可变电阻变化无规律。这种故障会影响发动机的怠速和加速性能，造成发动机怠速不稳或无怠速，加速性变差或加速性时好时坏等现象。电控系统是由电控元件、线路和电控单元组成的一个综合体，发动机某个电控系统出现故障，并不意味着这个系统的某个元件出现问题，更多的可能是出现在线路问题上。

【任务准备】

一、工、量具及材料的准备

1. 设备及相关物品：宝骏630轿车及其维修手册、节气门位置传感器（单件）、车内外护套。
2. 工、量具：常用拆装工具一套、数字万用表2只、KT600诊断仪。
3. 材料：抹布等。

二、检测流程的准备

1. 单件检测：电阻检测（技术标准）
2. 就车检测：电压检测、故障诊断仪检测（技术标准和分析流程）

【实施步骤】

一、传统节气门位置传感器的单件检测

对于传统节气门位置传感器的单件检测，一般是先对传感器进行外观检查，看是否有裂纹、破损、脏污，转动是否灵活。然后用万用表20 kΩ档进行电阻检测，初步判断传感器的好坏。节气门位置传感器单件检测的步骤按表3.9.3实施（以B12发动机节气门位置传感器为例）。

表3.9.3 节气门位置传感器单件检测的步骤

(1) 维修前准备：实施6S管理，做好维修工作及耗品准备	(2) 外观检查，看是否有裂纹、破损、脏污，转动是否灵活
(3) 把万用表打到20 kΩ档，测量端子VC-E的电阻值，并做好记录	(4) 把万用表打到20 kΩ档，在节气门关闭状态下测量端子VTA-E的电阻值，并做好记录
	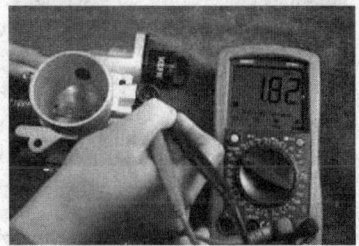

(5) 把万用表打到 20 kΩ 档，在节气门全开状态下测量端子 VTA－E 的电阻值，并做好记录 	(6) 参照标准电阻值，判断传感器的好坏。做好场地的 6S 管理

二、电子节气门位置传感器的就车检测

下面以宝骏 630 轿车为例，对电子节气门位置传感器进行就车检测，步骤按表 3.9.4 实施。

表 3.9.4　电子节气门位置传感器的就业检测步骤

(1) 维修前准备：实施 6S 管理，做好工、量具，仪器的准备	(2) 将车辆停驻好，拉紧驻车制动器，将变速器置于空挡位置，安装车轮挡块
(3) 打开发动机舱盖，安装车内外三件套	(4) 连接 KT600 诊断仪，将点火开关置于 ON 位置，按程序进入节气门位置传感器的检测界面
	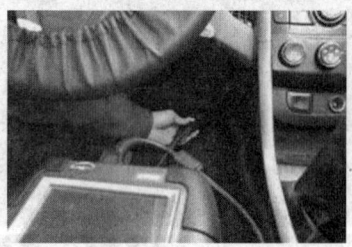
(5) 观察故障诊断仪节气门位置传感器 1 的电压参数。读数应在 0.35～4.75 V 之间，并随着加速踏板输入而变化	(6) 观察故障诊断仪节气门位置传感器 2 的电压参数。读数应在 4.59～0.25 V 之间，并随着加速踏板输入而变化

(7) 用故障诊断仪清除故障诊断码	(8) 恢复工位，6S 清理

当检测到宝骏 630 轿车电子节气门位置传感器有故障，可以按方法对电路系统进

行检测分析：

1. 点火开关置于 OFF 位置，断开 Q38 节气门体处的线束连接器。使发动机控制模块有 2 分钟的时间完全断电。

2. 将点火开关置于 OFF 位置，测试低电平参考电压电路端子 C 和搭铁之间的电阻是否小于 5 Ω。如果大于 5 Ω，则要测试低电平参考电压电路是否开路。如果电路测试正常，则更换 K20 发动机控制模块。

3. 将点火开关置于 ON 位置，测试 5 V 参考电压电路端子 E 和搭铁之间的电压是否为 4.8～5.2 V。如果低于 4.8 V，测试 5 V 参考电压电路是否对搭铁短路或开路。如果电路测试正常，则更换 K20 发动机控制模块；如果高于 5.2 V，测试 5 V 参考电压电路是否对电压短路。如果电路测试正常，则更换 K20 发动机控制模块。

4. 确认故障诊断仪节气门位置传感器 1 电压低于 0.1 V。如果高于 0.1 V，则测试信号电路端子 D 是否对电压短路。如果电路测试正常，则更换 K20 发动机控制模块。

5. 确认故障诊断仪节气门位置传感器 2 电压高于 4.8 V。如果低于 4.8 V，则测试信号电路端子 F 是否对搭铁短路。如果电路测试正常，则更换 K20 发动机控制模块。

6. 在信号电路端子 D 和 5 V 参考电压电路端子 E 之间安装一条带 3 A 保险丝的跨接线。确认节气门位置传感器 1 电压高于 4.8 V。如果低于 4.8 V，测试信号电路是否对搭铁短路或开路大。如果电路测试正常，则更换 K20 发动机控制模块。

7. 在信号电路端子 F 和搭铁之间安装一个测试灯，测试灯应不点亮。如果测试灯点亮，则测试信号电路端子 F 是否对电压短路。如果电路测试正常，则更换 K20 发动机控制模块。

8. 在信号电路端子 F 和低电平参考电压电路端子 C 之间安装一条带 3 A 保险丝的跨接线。检查并确认节气门位置传感器 2 电压低于 0.1 V。如果高于 1.0 V，则测试信号电路是否开路。如果电路测试正常，则更换 K20 发动机控制模块。

9. 将点火开关置于 OFF 位置，断开 K20 发动机控制模块的线束连接器。

10. 测试节气门位置传感器上所有以下电路端子之间的电阻是否小于 5 Ω：

（1）K20 发动机控制模块，X2 信号电路端子 5 至节气门位置端子 D；

（2）K20 发动机控制模块，X2 信号电路端子 9 至节气门位置端子 F；

（3）K20 发动机控制模块，X25 伏参考电压电路端子 56 至端子 E。

如果以上测试人于 5 Ω，则检查受影响的电路是否开路。

11. 测试信号电路端子 D 和信号电路端子 F 之间的电阻是否为无穷大。如果电阻低于无穷大，则修理信号电路端子 D 和信号电路端子 F 之间的短路电路。

12. 如果所有电路测试正常，则更换 Q38 节气门体。

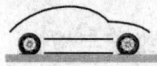【评价与反馈】

对本学习任务进行评价,如表 3.9.5 节气门位置传感器的单件检测评分表和表 3.9.6 电子节气门位置传感器的就车检测评分表所示。

表 3.9.5 节气门位置传感器的单件检测评分表

班级:_____ 组别:_____ 姓名:_____

序号	考核内容	配分	评分标准	得分	备注
1	作业前整理工位	10	酌情扣分		
2	外观检查,看是否有裂纹、破损、脏污,转动是否灵活	20	酌情扣分		
3	把万用表打到 20 kΩ 档,测量端子 VC-E 的电阻值,并做好记录	25	酌情扣分		
4	把万用表打到 20 kΩ 档,在节气门关闭、中等开度、全开三种状态下测量端子 VTA-E 的电阻值,并做好记录	35	酌情扣分		
5	清理工位	10	酌情扣分		
6	遵守相关安全规范,因违规操作造成人身和设备事故的,总分按 0 分处理				
分数合计					

表 3.9.6 电子节气门位置传感器的就车检测评分表

班级:_____ 组别:_____ 姓名:_____

序号	考核内容	配分	评分标准	得分	备注
1	作业前整理工位	5	酌情扣分		
2	打开并支撑发动机舱盖	3	操作不当扣 3 分		
3	安装汽车保护罩和车轮挡块	5	酌情扣分		
4	检查变速器是否位于空挡或 P 挡	3	操作不当扣 3 分		
5	正确使用工具仪器	6	酌情扣分		
6	连接 KT600 诊断仪,按程序进入节气门位置传感器的检测界面	15	酌情扣分		
7	检测节气门位置传感器 1 的电压参数	15	酌情扣分		
8	检测节气门位置传感器 2 的电压参数	15	酌情扣分		
9	分析和排除故障	20	酌情扣分		
10	清除故障诊断码	8	操作不当扣 8 分		
11	恢复工位,6S 清理	5	酌情扣分		
12	遵守相关安全规范,因违规操作造成人身和设备事故的,总分按 0 分处理				
分数合计					

项目四
底盘模块的维护与检修

汽车底盘主要由传动系、行驶系、转向系、制动系四大系统组成，其作用是用来支撑、安装汽车发动机及其各部件总成，形成汽车的整体造型，并接受发动机的动力，使之运动，保证正常行驶。由于汽车底盘结构复杂，工作环境恶劣，零部件易磨损，造成部件之间间隙过大等现象，发生故障。因此平时对汽车底盘的维护与调整就显得尤为重要。通过本项目的学习，学生应能准确讲述汽车底盘的基本构造与工作原理，能对汽车底盘零部件进行检查和调整。

本项目的学习任务可以分为：

学习任务1　离合器踏板自由行程的调整

学习任务2　驻车制动器的检测与调整

学习任务3　轮胎的检查与更换

学习任务4　前轮前束的检测与调整

学习任务5　转向系统的检查与紧固

学习任务 1

离合器踏板自由行程的调整

【任务描述】

一辆宝骏 630 轿车,行使 63 000 公里,车主反映离合器分离不彻底,于是开到 4S 店检修,经诊断发现是离合器踏板自由行程过大造成离合器分离不彻底。现需要维修技师根据维修手册相关要求,在规定时间内调整好离合器踏板自由行程,自检完成后交付验收。

【学习目标】

一、知识目标
1. 能叙述离合器的作用、类型、结构和工作原理;
2. 能叙述离合器的动力传动路线;
3. 能准备离合器踏板自由行程调整时需要的工、量具;
4. 能叙述离合器踏板自由行程的调整步骤和方法。

二、技能目标
1. 能正确使用拆装工、量具;
2. 能正确检查离合器踏板自由行程;
3. 能按维修手册上的技术要求调整离合器踏板自由行程。

建议学时:4 学时

【知识准备】

一、离合器概述

离合器位于发动机飞轮和变速器之间的飞轮壳内,用螺钉将离合器总成固定在飞轮的后平面上,是分离、接合的零部件总成。在汽车行驶过程中,驾驶员可根据需要踩下或松开离合器踏板，使发动机与变速器暂时分离和逐渐接合，以切断或传递发动机传向传动系的动力。

1. 离合器的功用

(1) 使发动机与传动系平顺接合，保证汽车平稳起步；
(2) 暂时切断传动，保证传动系换档时工作平顺；
(3) 限制所传递的转矩，防止传动系过载。

2. 离合器的类型

离合器依据工作原理不同可以分为摩擦式离合器、液力变矩器、电磁离合器三种。汽车传动系用离合器主要是摩擦式离合器。

摩擦式离合器按结构或操纵方式可分为如下几种类型：
(1) 按从动盘的数目不同可分为单盘式、双盘式和多盘式；
(2) 按压紧弹簧的形式不同可分为周布弹簧式和膜片弹簧式；
(3) 按操纵方式不同可分为机械操纵式、液压操纵式和气动操纵式等。

3. 对离合器的要求

(1) 保证变速器换挡平顺，发动机起动顺利，汽车平稳起步；
(2) 接合时应平顺柔和，分离时应迅速彻底，减少冲击；
(3) 能防止传动系过载，可靠地传递发动机的最大转矩；
(4) 防止离合器温度过高，要求具有良好的通风散热能力；
(5) 旋转部分的平衡性好，从动部分的转动惯量小；
(6) 操纵轻便，以减轻驾驶员的疲劳。

二、摩擦式离合器的结构原理

1. 摩擦式离合器的结构

摩擦式离合器主要由主动部分、从动部分、压紧装置、分离机构和操纵机构五部分组成。主动部分和压紧装置是保证离合器处于接合状态并能传递动力的基本结构，而分离机构和操纵机构主要是使离合器分离的装置。摩擦式离合器结构如图 4.1.1 所示。

(1) 主动部分。主动部分包括飞轮、离合器盖、压盘等机件。主动部分与发动机曲轴连接在一起。离合器盖与飞轮以螺栓连接，压盘与离合器盖之间以三四个传动片传递转矩。

(2) 从动部分。从动部分由单片、双片或多片从动盘组成。从动部分将主动部分传来的动力传给变速器的输入轴。从动盘由从动盘本体、摩擦片和从动盘毂三个基本部分组成。

(3) 压紧装置。压紧装置主要由螺旋弹簧或膜片弹簧组成。压紧装置与主动部分一起旋转，以离合器盖为依托，将压盘压向飞轮，从而将处于飞轮和压盘间的从动盘

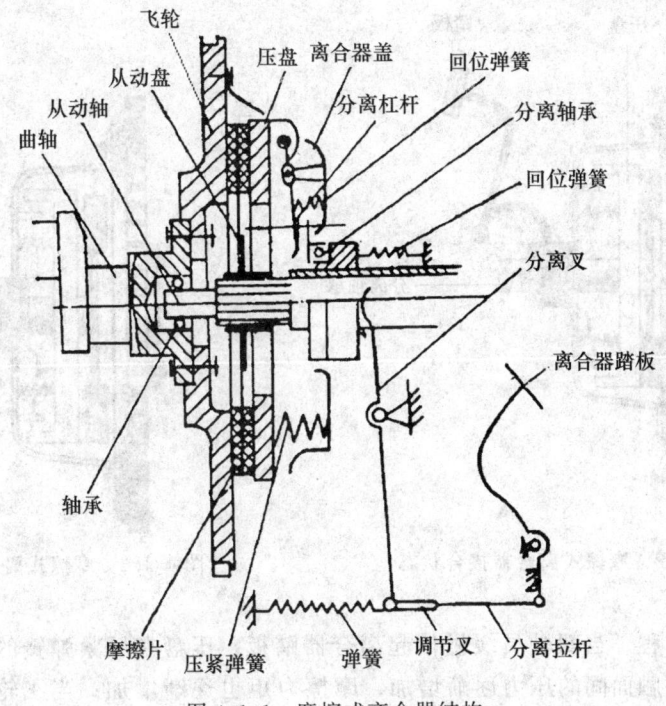

图 4.1.1 摩擦式离合器结构

压紧。

(4) 分离机构。分离机构主要由分离杠杆、带分离轴承的分离套筒和分离叉等部件组成。

(5) 操纵机构。操纵机构由位于离合器壳内的分离杠杆（在膜片弹簧离合器中，膜片弹簧兼起分离杠杆的作用）、分离轴承、分离套筒、分离叉、分离机构（分离叉、回位弹簧等机件组成）、位于离合器壳外的离合器踏板、传动机构及助力机构等组成。

2. 摩擦式离合器的工作原理

(1) 接合状态。离合器处于接合状态下，飞轮、压盘、从动盘三者在压紧弹簧的作用下压紧在一起，发动机的转矩经过飞轮、压盘通过从动盘两摩擦面的摩擦作用传给从动盘，从而向变速器传递动力，如图 4.1.2 所示。

(2) 分离过程。当驾驶员踩下离合器踏板，分离套筒和分离轴承在分离叉的推动下，先消除分离轴承与分离杠杆内端之间的间隙，然后推动分离杠杆内端前移，使分离杠杆外端带动压盘克服压紧弹簧作用力后移，摩擦作用消失，离合器的主、从动部分分离，中断动力传动，如图 4.1.3 所示。

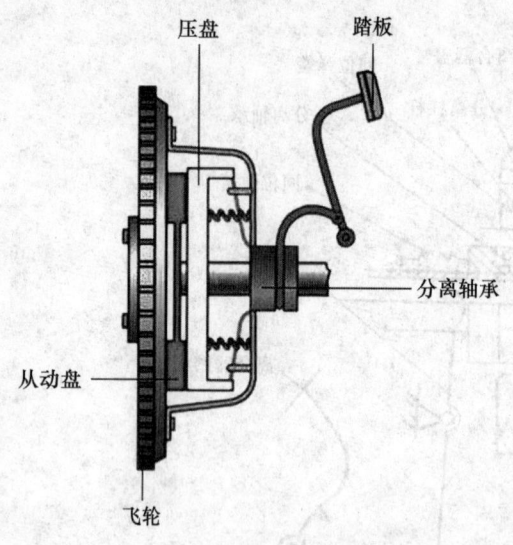

图 4.1.2 摩擦式离合器接合状态

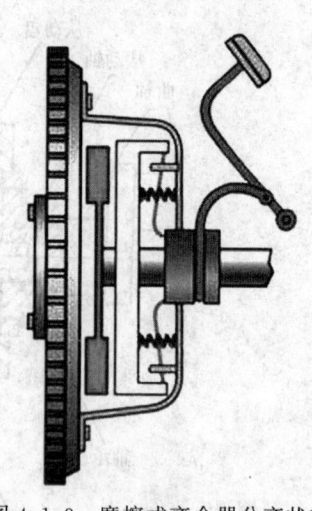

图 4.1.3 摩擦式离合器分离状态

（3）接合过程。当驾驶员缓慢抬起离合器踏板，压盘在压紧弹簧的作用下逐渐压紧从动盘，使接触面间的压力逐渐增加，摩擦力矩也逐渐增加；当飞轮、压盘和从动盘之间接合还不紧密时，所能传动的摩擦力矩较小，离合器的主、从动部分有转速差，离合器处于打滑状态；随着离合器踏板的逐渐抬起，飞轮、压盘和从动盘之间的压紧程度逐渐紧密，主、从动部分的转速也渐趋相等，直到离合器完全接合而停止打滑，接合过程结束。

三、离合器自由间隙和离合器踏板自由行程

离合器在正常接合状态下，分离杠杆内端与分离轴承之间应留有一个间隙，一般为几个毫米，这个间隙称为离合器自由间隙。如果没有自由间隙，从动盘摩擦片磨损变薄后，压盘将不能向前移动压紧从动盘，这将导致离合器打滑，使离合器所能传动转矩下降，车辆行驶无力，而且会加速从动盘的磨损。

为了消除离合器的自由间隙和操纵机构零件的弹性变形所需要的离合器踏板行程称为离合器踏板自由行程。可以通过拧动调节叉来改变分离拉杆的长度，对踏板自由行程进行调整。

四、离合器的动力传动路线

发动机动力输出——发动机飞轮——离合器盖（通过与飞轮连接的螺栓传递）——离合器传动片——离合器压盘——离合器从动盘摩擦片——离合器钢片——离合器从动盘花键毂——变速器输入轴

项目四 底盘模块的维护与检修

【任务准备】

一、工、量具及材料的准备

1. 设备及相关物品：举升机、宝骏 630 轿车及其维修手册、车内外护套、离合器踏板。
2. 工量具：300 mm 钢直尺、一字螺丝刀、十字螺丝刀、尖嘴钳、120 件套工具。
3. 材料：抹布等。

二、工作流程的准备

准备相关物品和工、量具——将车辆停驻在举升机平台的中央位置——拉紧驻车制动器，将变速杆置于空挡位置——安装车内、外护套——检查离合器储液罐中液面高度——检查离合器踏板位置高度——调整离合器踏板位置高度——车辆运行试验——恢复和整理工位

【实施步骤】

检查调整离合器踏板自由行程。

检查、调整离合器踏板自由行程的步骤按表 4.1.1 实施。

表 4.1.1 检查、调整离合器踏板自由行程的步骤

(1) 维修前准备工作：实施 6S 管理，做好维修工作及耗品准备	(2) 将车辆停驻在举升机平台的中央位置，拉紧驻车制动器操纵杆，并将变速器换挡杆置于空挡位置
(3) 安装车内护套（座椅套、转向盘套、变速杆手柄套、铺设地板垫），其主要作用是在操作过程中确保驾驶室内清洁	(4) 打开并可靠支撑发动机舱盖。安装车外三件套。安装左右侧翼子板护套时要求护套将翼子板全部覆盖，护套的上边沿粘贴到排水槽的内侧，前端至侧灯处，后端至车门与翼子板接合缝隙
(5) 检查离合器液压系统储液罐中液面高度，应位于"MIN"与"MAX"刻度中间位置。当储液罐中液量不足时，应添加适量工作液，达到规定液面高度 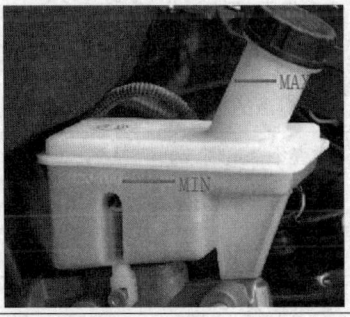	(6) 使用钢直尺测量离合器踏板处于自然状态下的高度。测量时，将直尺垂直于底板面 

续表

（7）使用钢直尺测量离合器踏板自由行程。测量时钢尺垂直于底板，离合器踏板处于自然状态，稍用力压下离合器踏板，感到阻力增大时，停止下压，即为离合器踏板自由行程 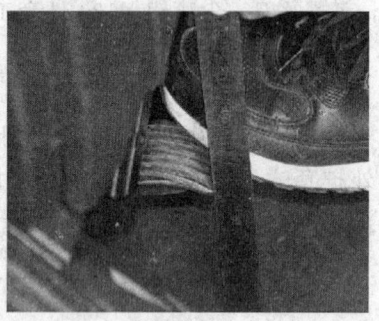	（8）调整离合器踏板位置。使用开口扳手，拧松离合器推杆锁紧螺母，然后拧动调整螺栓调整其长度，来改变离合器踏板自由行程。在调整推杆长度时，要反复测量踏板自由行程，直到符合规定要求为止 
（9）离合器踏板自由行程调整完毕，进行车辆运行试验	（10）按6S管理要求做好工位整理，工、量具清洁工作

【任务检验】

打开点火开关，起动发动机，发动机在空载情况下，检查离合器踏板位置是否适当。将离合器踏板踩到底，操纵变速杆，变换变速器挡位，检查变速器换挡是否轻便、灵活、迅捷、可靠，换挡时有无异响声，离合器结合是否稳定良好。

【评价与反馈】

对本学习任务进行评价，如表4.1.2检查调整离合器踏板自由行程评分表所示。

表4.1.2　检查调整离合器踏板自由行程评分表

班级：_____　　组别：_____　　姓名：_____

序号	考核内容	配分	评分标准	得分	备注
1	作业前整理工位	5	整理遗漏酌情扣分		
2	打开并支撑发动机舱盖	5	操作不当扣5分		
3	安装汽车保护罩	5	安装不当酌情扣分		
4	检查储液罐中液面高度	5	检查不当扣5分		
5	检查驻车制动器是否工作	5	检查不当扣5分		
6	检查变速器是否位于空挡或P挡	5	检查不当扣5分		

续 表

序号	考核内容	配分	评分标准	得分	备注
7	正确选用工、量具	5	操作不当扣5分		
8	测量离合器踏板高度	10	测量方法不当扣10分		
9	测量离合器踏板自由行程	10	测量方法不当扣10分		
10	工、量具的使用	5	使用不当扣5分		
11	计算踏板自由行程结果	5	计算结果错误扣5分		
12	调整踏板自由行程	15	方法不当扣15分		
13	踏板位置的空载试验	5	操作不当扣5分		
14	踏板位置的起步试验	10	操作不当扣10分		
15	整理工位	5	未按要求整理扣5分		
16	遵守相关安全规范,因违规操作造成人身和设备事故的,总分按0分处理				
	分数合计				

学习任务 2

驻车制动器的检测与调整

【任务描述】

一辆宝骏 630 轿车,在半坡起步时驻车制动手柄完全拉起后,无法实现驻车制动,于是进入 4S 店维修。现需要维修技师根据维修手册相关要求,在规定时间内检测、调整好驻车制动器,自检完成后交付验收。

【学习目标】

一、知识目标

1. 能叙述行车制动器、驻车制动器的作用;
2. 能叙述驻车制动器的结构和工作原理;
3. 能叙述驻车制动器检测、调整时需要准备的工、量具;
4. 能叙述驻车制动器的调整步骤和方法。

二、技能目标

1. 能熟练检查所需的工、量具,材料;
2. 能正确使用拆装工具;
3. 能按维修手册上的技术要求检测与调整驻车制动器;
4. 操作完毕后及时清理工具、设备及操作场地。

建议学时:6 学时

【知识准备】

一、汽车制动系概述

汽车制动系是指在汽车上设置的一套(或多套)能由驾驶员控制的、能产生与汽车行驶方向相反外力的装置。

1. 制动系的作用

（1）使行驶中的汽车按照驾驶员的要求进行强制减速甚至停车；
（2）使下坡行驶的汽车速度保持稳定；
（3）使已停驶的汽车在各种道路条件下（包括在坡道上）稳定驻车。

2. 制动系的分类

汽车制动系统按功能的不同可以分为：行车制动系、驻车制动系以及应急制动、安全制动和辅助制动系。

应急制动装置是独立的管路控制车轮的制动器作为备用系统，其作用是在行车制动装置失效的情况下保证汽车仍能实现减速或停车；安全制动装置是当制动气压不足时起制动作用，使车辆无法行驶；辅助制动装置是为了下长坡时减轻行车制动器的磨损而设置的，其中利用发动机排气制动应用最广。

二、制动系的基本组成

汽车制动系一般至少有两套独立的制动系统。它们是行车制动系统和驻车制动系统，如图 4.2.1 所示。

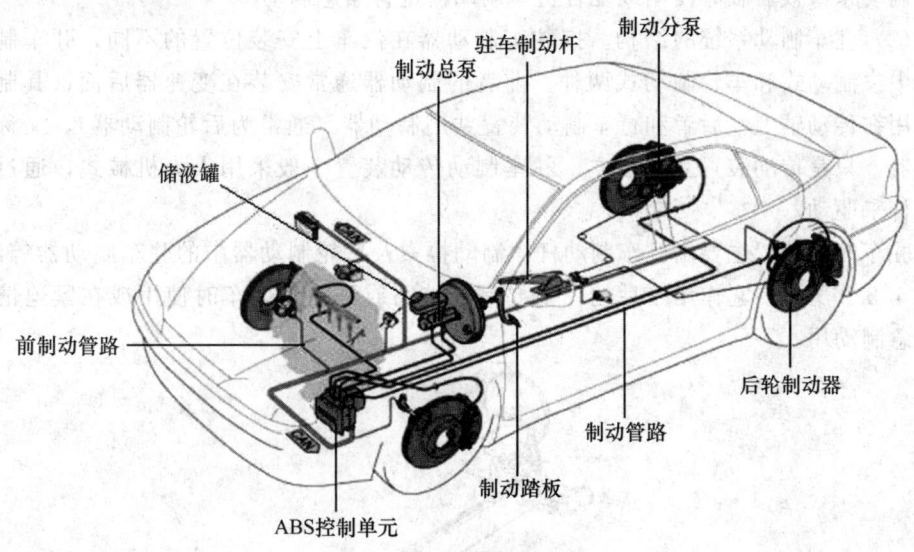

图 4.2.1　制动系统的基本组成

1. 行车制动系统

（1）行车制动系统的作用及组成。行车制动系统用于行驶中的车辆减速或停车，通常由驾驶人用脚操纵，一般包含制动踏板、制动主缸、制动轮缸、制动管路、车轮制动器等。

（2）行车制动系统的工作原理。行车制动系统的工作原理是将汽车的动能通过摩擦转换成热能，并释放到大气中。制动时，踩下制动踏板，制动主缸向各制动轮缸供油，活塞在油压的作用下把摩擦材料压向制动鼓实现制动。当放开制动踏板时，制动蹄被回位弹簧拉回原位，制动力消失，解除制动。制动系统的工作原理如图 4.2.2 所示。

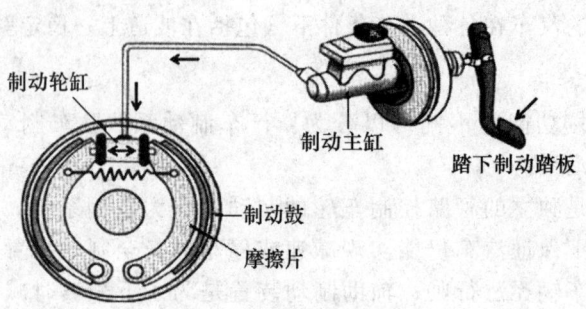

图 4.2.2　制动系统的工作原理

2. 驻车制动系统

（1）驻车制动系统的功用。车辆停驶后防止滑溜；使车辆在坡道上能顺利起步；行车制动系失效后临时使用或配合行车制动器进行紧急制动。

（2）驻车制动系统的结构。按驻车制动器在汽车上安装位置的不同，驻车制动装置分中央制动式和车轮制动式两种。前者的制动器通常安装在变速器后面，其制动力矩作用在传动轴上；后者和行车制动装置共用制动器（通常为后轮制动器），又称复合制动器，只是传动装置互相独立。驻车制动传动装置一般采用人力机械式，通过钢索或杠杆来驱动。

驻车制动装置主要由驻车制动杆、制动拉索及后轮制动器中的驻车制动器等组成，如图 4.2.3 所示。它作用于后轮，主要是在坡路或平路上停车时使用或在紧迫情况下作紧急制动用。

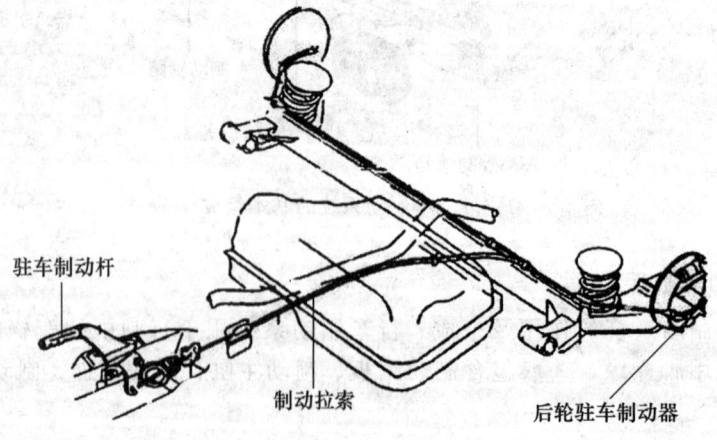

图 4.2.3　驻车制动系统

(3) 鼓式车轮制动器

1) 鼓式制动器的结构。简单的鼓式车轮制动器由旋转部分、固定部分、促动装置和间隙调整装置组成,如图 4.2.4 所示。旋转部分为制动鼓;固定部分是制动底板和制动蹄,制动底板固装在车桥的凸缘盘上,通过支承销与制动蹄相连;促动装置的作用是对制动蹄施加力使其向外张开,常用的促动装置有凸轮或制动轮缸;间隙调整装置的作用是保持和调整制动蹄和制动鼓间有正确的相对位置。

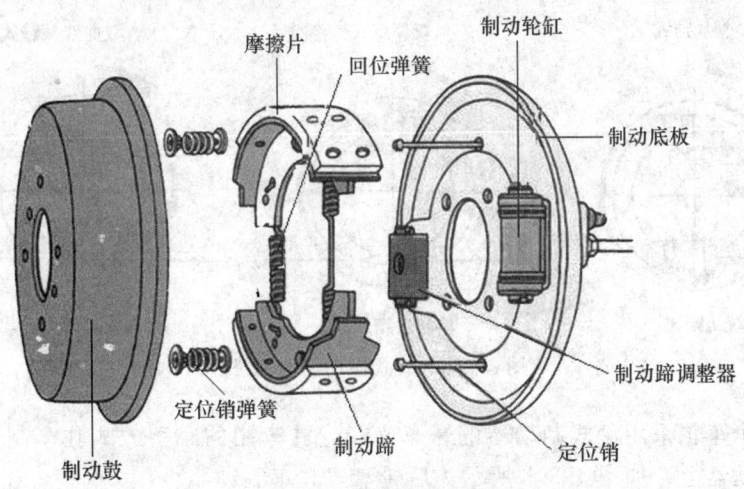

图 4.2.4 鼓式制动器构造

2) 鼓式制动器的分类。鼓式车轮制动器多为内张双蹄式,按促动装置的形式可分为轮缸式、凸轮式和楔块式。

按产生制动力矩的不同分类。在制动过程中,如果制动蹄绕支承销转动与制动鼓旋转方向相同,在制动鼓上压得更紧,起到增势的作用,称为"增势蹄"或称为"领蹄";如果制动蹄绕支承销转动与制动鼓旋转方向相反,有使制动蹄离开制动鼓的趋势,起着减势作用,称为"减势蹄"或称"从蹄"。根据制动过程中两制动蹄产生制动力矩的不同,鼓式制动器可分为领从蹄式、双领蹄式、双向双领蹄式、双向从蹄式、单向自增力式和双向自增力式等,如图 4.2.5 所示。

根据制动时两制动蹄对制动鼓作用的径向力是否平衡,鼓式制动器又可分为简单非平衡时、平衡式和自动增力式三种。

驻车制动系统的工作原理。驻车制动时,拉起操纵杆,操纵杆力通过操纵机构使驻车制动拉索收紧,拉索则拉动驻车制动杠杆的下端,使之绕上端支点顺时针转动,制动杠杆转动过程中,其中间支点推动驻车制动推杆左移,使前制动蹄压向制动鼓。前制动蹄压向制动鼓后,制动推杆停止运动,则驻车制动杠杆的中间支点变成其继续移动的新支点,于是驻车制动杠杆的上端右移,使后制动蹄压靠在制动鼓上,产生制动作用。此时,驻车制动操纵杆上的棘爪嵌入齿扇上的棘齿内,起锁止作用。

解除驻车制动时,按下驻车制动操纵杆上的按钮,使棘爪脱离棘齿,将操纵杆回到释放制动位置,松开驻车制动拉索,则制动蹄在复位弹簧的作用下回位。

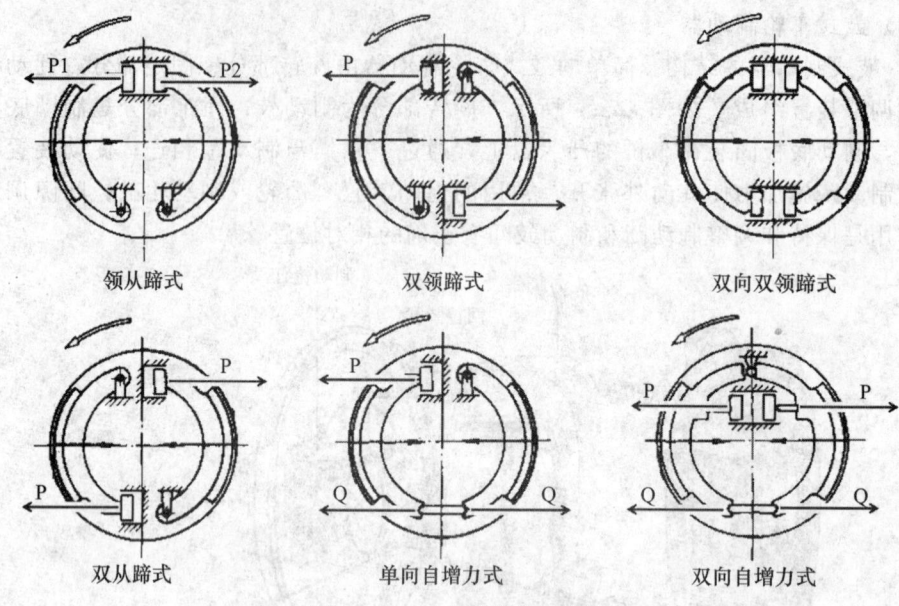

图 4.2.5 鼓式制动器的分类

对于四个车轮采用盘式制动器的轿车来说,驻车用的小型鼓式驻车制动器内置于后轮盘式制动器上,如图 4.2.6 所示为后轮盘式驻车制动器。

图 4.2.6 后轮盘式驻车制动器

【任务准备】

一、工、量具及材料的准备

1. 设备及相关物品:举升机、宝骏 630 轿车及其维修手册、车内外护套、抹布。
2. 工、量具:300 mm 钢直尺、一字螺丝刀、十字螺丝刀、尖嘴钳、120 件套工具。
3. 材料:驻车制动杆、拉索、摩擦衬片、调整杆、复位弹簧等。

二、工作流程的准备

准备相关工、量具和物品——将车辆停驻在举升机平台的中央位置——拉紧驻车制动器,将变速杆置于空挡位置——安装车内、外护套——进入驾驶室,按下驻车制动杆前端的按钮,放松驻车制动——使用直板尺,测量制动踏板的自由行程——操作举升机,将车辆举升到轮胎的最低点距离地面约 20 cm 的高度——踩制动踏板 2~3 次,然后彻底放松制动踏板——用手转动车轮,检查车轮转动情况(如果某个车轮转动阻力过大,说明该车轮制动器复位不良,应进行拆检;如果车轮转动正常,则说明制动器复位良好)——拉紧驻车制动杆,检查棘爪的锁定性能(如果棘爪锁止不可靠,应更换驻车制动器总成)——按下驻车制动器制动杆前端按钮,检查制动器解除锁定性能——转动两后轮,检查车轮转动情况——调整驻车制动器,拉起驻车制动杆,当听到棘轮"咔咔"两声后,使操纵杆锁止于该位置——拆卸驻车制动杆上的装饰板,找到驻车制动器调整螺母——使用扳手调整驻车制动拉线上的调整螺母——调整驻车制动器拉线上的螺母到车轮不能转动时,停止旋入调整螺母——将驻车制动杆彻底放松——转动两后轮,检查后轮阻力(如果不能转动,说明阻力过大,应调整驻车制动拉线螺母;如果转动自如,说明调整合适)——安装驻车制动杆的装饰板——车辆运行试验——恢复和整理工位

【实施步骤】

驻车制动器的检查与调整。

驻车制动器的检查与调整步骤按表 4.2.1 实施。

表 4.2.1 驻车制动器的检查与调整步骤

(1) 维修前准备工作:实施 6S 管理,做好维修工作及耗品准备	(2) 将车辆停驻在举升机平台的中央位置,拉紧驻车制动器操纵杆,并将变速器换挡杆置于空挡位置
(3) 安装车内护套(座椅套、转向盘套、变速杆手柄套、铺设地板垫),其主要作用是在操作过程中确保驾驶室内清洁	(4) 打开并可靠支撑发动机舱盖。安装车外三件套。安装左右侧翼子板护套时要求护套将翼子板全部覆盖,护套的上边沿粘贴到排水槽的内侧,前端至侧灯处,后端至车门与翼子板接合缝隙
(5) 进入驾驶室,按下驻车制动杆前端的按钮,放松驻车制动	(6) 使用钢直尺,测量制动踏板的自由行程
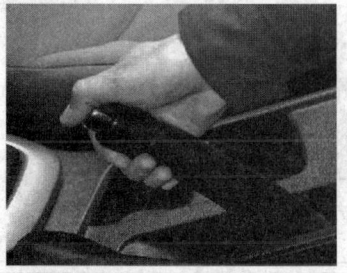	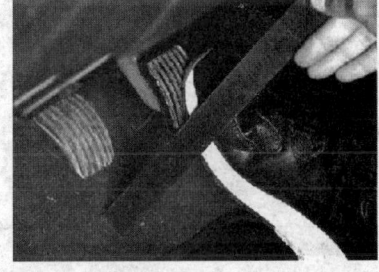

续表

(7) 操作举升机,将车辆举升到轮胎的最低点距离地面约 20 cm 的高度,便于检查车轮制动器复位性能	(8) 踩制动踏板 2~3 次,然后彻底放松制动踏板,使车轮制动器均工作
(9) 用手转动车轮,检查车轮转动情况。如果某个车轮转动阻力过大,证明该车轮制动器复位不良,应进行拆检;如果车轮转动正常,则证明车轮制动器复位性能良好 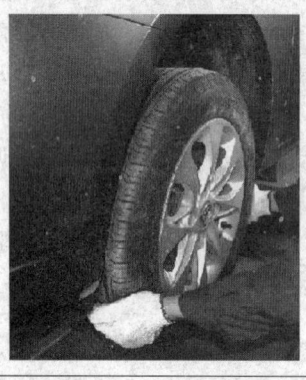	(10) 拉紧驻车制动杆,检查棘爪的锁定性能。如果棘爪锁止不可靠,应更换驻车制动器总成 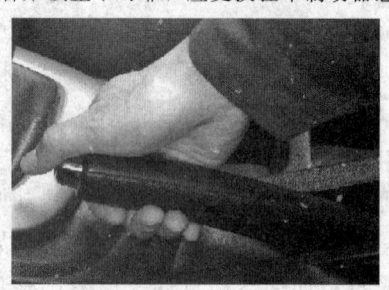
(11) 按下驻车制动器制动杆前端按钮,检查制动器解除锁定性能	(12) 转动两后轮,检查车轮转动情况。如果车轮转动阻力过大,证明该车轮驻车制动器复位性能不良,应予以检修
(13) 调整驻车制动器,拉起驻车制动杆,当听到棘轮"咔咔"两声后,使操纵杆锁止于该位置 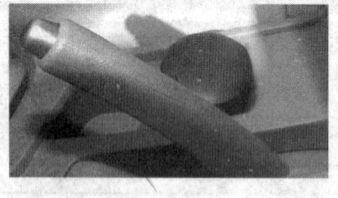	(14) 拆卸驻车制动杆上的装饰板,找到驻车制动器调整螺母。该车调整螺母位于驻车制动杆下方 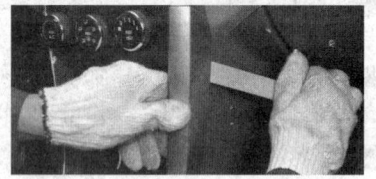
(15) 调整驻车制动器拉线上的螺母到车轮不能转动时,停止旋入调整螺母 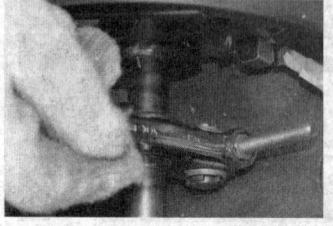	(16) 将驻车制动杆彻底放松 

项目四 底盘模块的维护与检修

续 表

(17) 转动两后轮,检查后轮阻力(如果不能转动,说明阻力过大,应调整驻车制动拉线螺母;如果转动自如,说明调整合适)	(18) 安装驻车制动杆的装饰板
(19) 车辆运行试验	(20) 恢复和整理工位

【任务检验】

驻车制动器调整好后需要对其工作性能进行检测。检测时将车开到坡度较大(不小于30%)、路面状况良好的斜坡上,踩住刹车后挂入空挡(自动变速器放在N挡位),将手柄提拉到有效工作点,之后慢慢松开制动踏板,如果车辆没有移动,说明手刹的性能良好。除此之外,还要检查手刹的灵敏度,可以在平坦的路面上慢速行驶,缓慢的提拉手柄,感觉一下手刹的灵敏度和接合点,行驶中提拉手刹会出现磨损,所以检测的次数不宜过多。

【评价与反馈】

对本学习任务进行评价,如表4.2.2驻车制动器的检查与调整评分表所示。

表4.2.2 驻车制动器的检查与调整评分表

班级:_____ 组别:_____ 姓名:_____

序号	考核内容	配分	评分标准	得分	备注
1	作业前整理工位	5	整理遗漏酌情扣分		
2	车辆空位停放	5	操作不当扣5分		
3	安装汽车保护罩	5	安装不当酌情扣分		
4	检查变速器是否位于空挡或P挡	5	检查不当扣5分		
5	正确选用工、量具	5	检查不当扣5分		
6	测量制动踏板自由行程	5	检查不当扣5分		
7	举升或者降落车辆	5	操作不当扣5分		
8	检查驻车制动器的复位情况	5	操作不当扣5分		
9	检查驻车制动器杆的锁定和解锁功能	10	操作不当扣10分		
10	检查车轮转动情况	5	操作不当扣5分		
11	调整驻车制动器	20	不当扣20分		
12	检查驻车制动器调整后的性能	20	操作不当扣20分		
13	整理工位	5	未按要求整理扣5分		
14	遵守相关安全规范,因违规操作造成人身和设备事故的,总分按0分处理				
15	分数合计				

学习任务 3
轮胎的检查与更换

【任务描述】

一辆宝骏 630 轿车行驶了 50 000 km 时，发现该车前轮胎面磨损一侧比另一侧较严重，于是进入 4S 店检查。请你根据维修手册相关要求，在规定时间内对该车车轮进行检查与更换，并自检完成后交付验收。

【学习目标】

一、知识目标

1. 能叙述轮胎的组成和功用；
2. 能叙述轮胎的类型与作用；
3. 能根据给定的轮胎技术要求，对轮胎状态进行检测。

二、技能目标

1. 会正确使用工具和设备；
2. 会查阅维修手册；
3. 会安全规范地检查与更换轮胎。

建议学时：4 学时

【知识准备】

一、概述

汽车车轮是行驶系中重要的组成部分，它处于车轴和地面之间，车轮通过与路面的接触来支撑车辆。汽车车轮如图 4.3.1 所示。

项目四　底盘模块的维护与检修

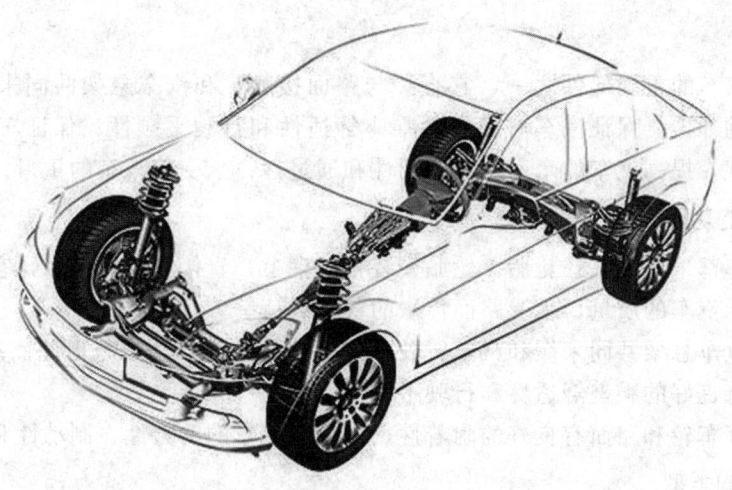

图 4.3.1　汽车车轮

汽车车轮总成由车轮和轮胎两大部件组成，如图 4.3.2 所示。车轮的基本功用有：
1. 支撑整车质量，包括在汽车质量上下运动时产生的惯性动载荷；
2. 缓和由路面传递来的冲击载荷；
3. 通过轮胎和路面之间的附着作用，产生驱动和阻止汽车运动的外力，即为汽车提供驱动力和制动力；
4. 产生平衡汽车转向离心力的侧向力，以便顺利转向，并通过轮胎产生的自动回正力矩，使车轮具有保持直线行驶的能力；
5. 承担跨越障碍的作用，保证汽车的通过性。

针对车轮和轮胎的使用特点，要求车轮具有足够的强度和刚度，质量轻，散热能力强；轮胎具有良好的弹性特性和摩擦特性，足够的使用寿命。

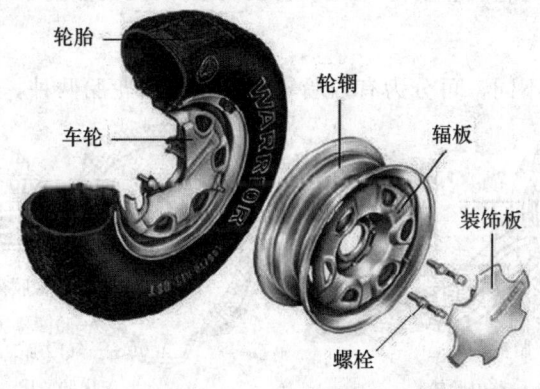

图 4.3.2　车轮总成

二、轮胎

轮胎是汽车的重要部件之一,它直接与路面接触,和汽车悬架共同来缓和汽车行驶时所受到的冲击,保证汽车有良好的乘座舒适性和行驶平顺性;保证车轮和路面有良好的附着性,提高汽车的牵引性、制动性和通过性;承受着汽车的重量。

1. 轮胎的功用

现代汽车都采用充气式轮胎,轮胎安装在轮辋上,直接与路面接触,它的功用是:
(1) 支承汽车的质量,承受路面传来的各种载荷。
(2) 和汽车悬架共同来缓和汽车行驶中所受到的冲击,并衰减由此而产生的振动,以保证汽车有良好的乘坐舒适性和行驶平顺性。
(3) 保证车轮和路面有良好的附着性,以提高汽车的动力性、制动性和通过性。

2. 轮胎的类型

(1) 按轮胎内空气压力的大小,轮胎分为高压胎($0.5\sim0.7$ MPa)、低压胎($0.2\sim0.5$ MPa)和超低压胎(0.2 MPa 以下)三种。低压胎弹性好、减振性能强、壁薄散热性好、与地面接触面积大附着性好,因而广泛用于轿车。超低压胎在松软路面上具有良好的通过能力,多用于越野汽车及部分高级轿车。
(2) 按轮胎内有无内胎,轮胎分为有内胎轮胎和无内胎轮胎(俗称"真空胎")两种。目前轿车上普遍采用无内胎轮胎。
(3) 按胎体帘布层结构的不同,轮胎分为斜交轮胎和子午线轮胎。目前,子午线轮胎在汽车上广泛应用。
(4) 根据花纹不同分为普通花纹轮胎、组合花纹轮胎、越野花纹轮胎。
(5) 根据帘线材料不同分为人造丝(R)轮胎、棉帘线(M)轮胎、尼龙(N)轮胎、钢丝(G)轮胎。

目前轿车上应用的轮胎主要是低压(超级低压)、无内胎的子午线轮胎。

3. 轮胎的结构

充气轮胎按结构不同,可分为有内胎轮胎和无内胎轮胎两种,如图4.3.3所示。

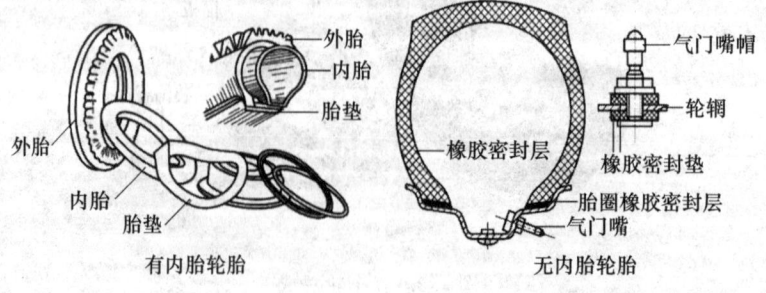

图 4.3.3 轮胎结构

有内胎轮胎由外胎、内胎和胎垫等组成，使用时安装在汽车车轮的轮辋上。无内胎轮胎俗称"真空胎"，在外观上与普通轮胎相似，但是没有内胎及内胎垫。它的气门嘴用橡胶垫圈和螺母直接固定在轮辋上，空气直接充入外胎中，其密封性由外胎和内胎辋来保证。

外胎是轮胎的主要组成部分，它是用耐磨橡胶以及帘线制成的强度较高而又有弹性的外壳，直接与地面接触来保护内胎，使其不受损伤，主要由胎面、胎圈和胎体等组成。

(1) 胎面。胎面是轮胎的外表面，可分为胎冠、胎肩和胎侧三部分。

1) 胎冠也称行驶面，它与路面直接接触，直接承受冲击与摩擦，并保护胎体免受机械损伤。为使轮胎与地面有良好的附着性能，防止纵、横向滑移，在胎面上制有各种形状的花纹。如图4.3.4所示，主要有普通花纹、组合花纹、越野花纹等。

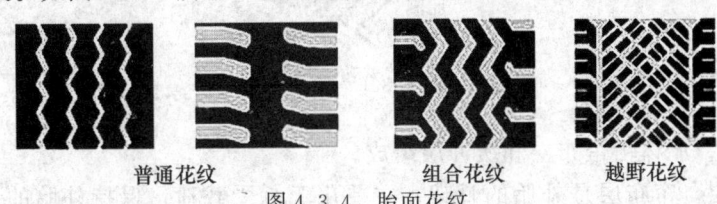

普通花纹　　　　组合花纹　　　越野花纹

图4.3.4　胎面花纹

2) 胎肩是较厚的胎冠和较薄的胎侧间的过渡部分，一般也制有各种花纹，以提高该部分的散热性能。胎侧又称胎壁，它由数层橡胶构成，覆盖轮胎两侧，保护内胎免受外部损坏。

3) 胎侧可承受较大的挠曲变形，在行驶过程中，不断地在载荷作用下挠曲变形。胎侧上标有厂家名称、轮胎尺寸及其他资料。

胎冠部分磨损到磨损标记以下后将非常危险。如图4.3.5所示，胎面磨损标志位于胎面花纹沟底部，当胎面磨损到此处时，花纹沟断开，表明轮胎必须停止使用并送去翻新或报废。为便于用户找到磨损标志，通常在磨损标志对应的胎肩处标出"△"符号。这种磨损标志按国家标准的规定，每只轮胎应沿圆周等距离设置，不少于4个。轮胎磨损标记指示器不仅是轮胎安全行驶的保证，而且还可作为检查轮胎是否正常磨损的依据。当轮胎出现不正常磨损时，从轮胎磨损指示器上便可以清晰地显示出来。国家规定，轿车用的子午线轮胎花纹磨损极限为1.6 mm。

图4.3.5　轮胎磨损标记

（2）胎圈。胎圈是帘布层的根基，由钢丝圈、帘布层包边和胎圈包布组成，如图4.3.6所示，具有很大的刚度和强度，可以使外胎牢固地安装在轮辋上。

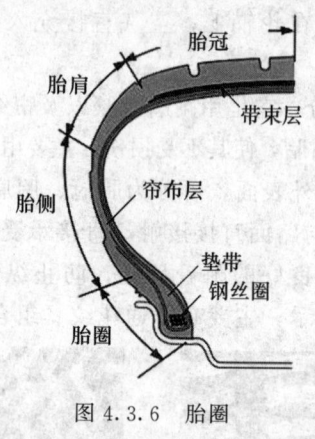

图4.3.6 胎圈

（3）胎体。胎体由帘布层和缓冲层组成。

1）帘布层。帘布层是外胎的骨架，主要用于承受载荷，保持外胎的形状和尺寸，并使其具有足够的强度。为使载荷均匀分布，帘布层通常由成偶数的多层帘布用橡胶贴合而成，相邻层的帘线交叉排列。帘布层数越多，轮胎的强度越大，但弹性下降。在外胎表面上标有帘布层数。按照帘布层帘线排列方式的不同，外胎可分为斜交轮胎和子午线轮胎，如图4.3.7所示。

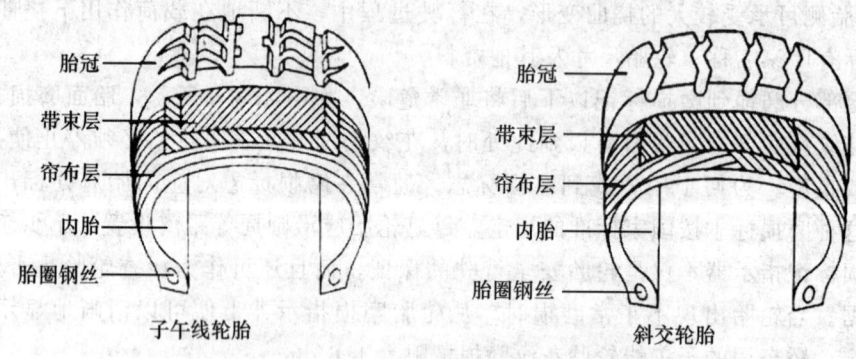

图4.3.7 轮胎结构形式

斜交轮胎帘布层的帘线按一定角度交叉排列，帘线与轮胎横断面的交角通常为50°。子午线轮胎帘布层帘线排列的方向与轮胎横断面一致，即垂直于轮胎胎面中心线，类似于地球仪上的子午线。子午线轮胎胎侧比斜交轮胎软，在径向上容易变形，可以增加轮胎的接地面积，即使在充足气后，两侧壁上也有一个特殊的凸起部。

子午线胎与斜交轮胎相比较，具有行驶里程长、滚动阻力小、节约燃料、承载能力大、减振性能好、附着性能好、不易爆胎等优势，目前在汽车上应用广泛。

2）缓冲层。缓冲层夹在胎面和帘布层之间，质软而弹性大，一般由两层或数层较稀疏的帘布和橡胶制成,其相邻两层的帘线也是交叉排列的。其作用是加强胎面与帘布层之间的结合,防止汽车紧急制动时胎面与帘布层脱离,并缓和汽车行驶时所受到的路面冲击。

4. 轮胎规格的表示方法

轮胎的尺寸标注如图4.3.8所示。D—轮胎外径;d—轮胎内径;H—轮胎断面高度;B—轮胎断面宽度。

(1) 斜交轮胎的规格。普通斜交轮胎的规格用B-d表示,载货汽车斜交轮胎和轿车斜交轮胎的尺寸B和d均使用英寸(in)为单位。示例如下:

9.00—轮胎断面宽度9.00 in,20—轮辋直径20 in。

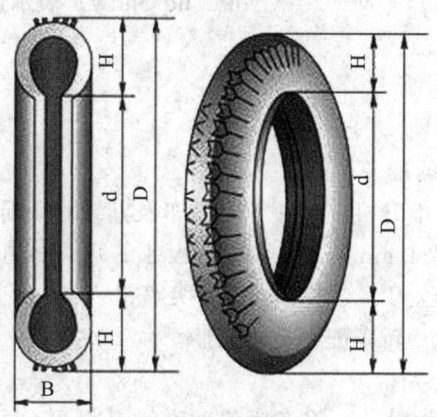

图4.3.8 轮胎的尺寸标注

(2) 子午线轮胎的规格。子午线轮胎标识位置及规格如图4.3.9所示。

图4.3.9 子午线轮胎标识位置及规格

① 195——轮胎名义断面宽度代号,表示轮胎宽度为 195 mm。

② 60——轮胎名义扁平比代号,表示扁平比为 60%。扁平比为轮胎高度 H 与宽度 B 之比,有 60、65、70、75、80 五个级别。

③ R——子午线轮胎结构代号,即"Radial"的第一个字母。

④ 14——轮胎名义直径代号,表示轮胎内径 14 英寸(in)。

⑤ 86——荷重等级,即最大载荷质量。荷重等级为 86 的轮胎的最大载荷质量为 530 kg。

(3) 轮胎侧面标记。在轮胎规格前加"P"表示轿车轮胎,在胎侧标有"REINFORCED"表示经强化处理,"RADIAL"表示子午线胎,"TUBELESS"(或 TL)表示无内胎(真空胎),"M+S"(Mud and Snow)表示适用于泥地和雪地,"→"表示轮胎旋向,不可反装。

【任务准备】

一、工、量具及材料的准备

1. 设备及相关物品:举升机、宝骏 630 轿车及其维修手册、车内外护套、抹布。

2. 工、量具:套筒(21 mm)、普通扭力扳手、可调式扭力扳手、短接杆、胎压表、胎纹深度尺、一字螺丝刀、十字螺丝刀、尖嘴钳、120 件套工具。

3. 材料:安装宝骏 630 轿车配套规格轮胎。

二、工作流程的准备

准备相关工、量具和物品——将车辆停驻在举升机平台的中央位置——拉紧驻车制动器,将变速杆置于空挡位置——安装车内、外护套——预松轮胎螺栓(车辆未举升时,用普通扭力扳手按对角的顺序进行预松)——安装举升机支称臂至车身举升处——确定支撑安全可将汽车举升至合适高度(20 cm)——打开油缸阀门,使举升机保险锁锁止可靠——用轮胎拆卸专业工具取出螺栓——取下轮胎——检查轮胎是否有胎体变形、鼓包、橡胶开裂、异常磨损及穿刺异物等现象——清除轮胎花纹中堆积的杂物——使用胎压表检查轮胎气压——使用轮胎花纹测量标尺,测量轮胎花纹深度——进行轮胎换位——按标准力矩锁紧轮胎螺栓——整理工位

【实施步骤】

轮胎的检查与更换。

轮胎的检查与更换步骤按表 4.3.1 实施。

表 4.3.1 轮胎的检查与更换步骤

(1) 维修前准备工作:实施 6S 管理,做好维修工作及耗品准备	(2) 将车辆停驻在举升机平台的中央位置,拉紧驻车制动器操纵杆,并将变速器换挡杆置于空挡位置

续表

(3) 安装车内护套（座椅套、转向盘套、变速杆手柄套、铺设地板垫），其主要作用是在操作过程中确保驾驶室内清洁	(4) 打开并可靠支撑发动机舱盖。安装车外三件套。安装左右侧翼子板护套时要求护套将翼子板全部覆盖，护套的上边沿粘贴到排水槽的内侧，前端至侧灯处，后端至车门与翼子板接合缝隙
(5) 预松轮胎螺栓（车辆未举升时，用普通扭力扳手按对角的顺序进行预松） 	(6) 安装举升机支称臂至车身举升处 
(7) 确定支撑安全可将汽车举升至合适高度（20 cm），并使保险锁锁止举升机	(8) 用轮胎拆卸专业工具取出螺栓，取下轮胎
(9) 检查轮胎是否有胎体变形、鼓包、橡胶开裂、异常磨损及穿刺异物等现象 	(10) 清除轮胎花纹中堆积的杂物 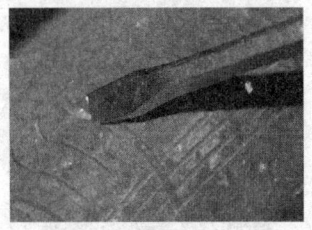
(11) 使用胎压表检查轮胎气压 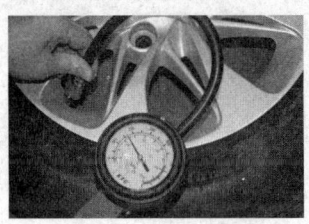	(12) 使用轮胎花纹测量标尺，测量轮胎花纹深度，轿车轮胎花纹标准深度应大于 1.6 mm。如果轮胎花纹接近磨损极限，应更换轮胎 
(13) 经过测量，如果前轮轮胎比后轮轮胎花纹磨损严重，应进行车轮换位，这样可以保持轮胎磨损均匀，延长使用寿命	(14) 前后车轮换位完毕后，操作举升机，将车辆降落到地面上

续表

（15）安放好车轮挡块 	（16）使用扭力扳手，按照顺序逐次均匀将车轮固定螺栓拧紧至标准力矩 
（17）整理工位，6S 清理	

【任务检验】

车轮安装完毕后，用扭力扳手以 140 N/m 的力按照顺序逐次进行固定螺母的检验。如果检验发现有固定螺母的扭力没有达到要求力度时，按规定力度扭紧固定螺母。

【评价与反馈】

对本学习任务进行评价，如表 4.3.2 轮胎的检查与更换评分表所示。

表 4.3.2 轮胎的检查与更换评分表

班级：_____ 组别：_____ 姓名：_____

序号	考核内容	配分	评分标准	得分	备注
1	作业前整理工位	5	整理遗漏酌情扣分		
2	安装汽车保护罩	5	安装不当酌情扣分		
3	检查驻车制动器是否工作	5	检查不当扣5分		
4	检查变速器是否位于空挡或P挡	5	检查不当扣5分		
5	正确选用工、量具	5	操作不当扣5分		
6	正确预松轮胎螺栓	5	操作不当扣5分		
7	正确举升车辆	5	操作不当扣5分		
8	拆卸轮胎	5	操作不当扣5分		
9	检查轮胎是否有胎体变形、鼓包、橡胶开裂、异常磨损及穿刺异物	10	检查不当每处扣2分		
10	清除轮胎花纹中堆积的杂物	5	清理不彻底扣5分		
11	使用胎压表检查轮胎气压	5	检查不正确扣5分		
12	使用轮胎花纹测量标尺，测量轮胎花纹深度	10	测量不准确扣10分		
13	进行轮胎换位	10	换位错误扣10分		
14	正确降落车辆	5	操作不当扣5分		
15	按照顺序逐次均匀进行，将车轮固定螺栓拧紧至标准力矩	10	操作不当每次扣5分，扣完为止		
16	整理工位	5	未按要求整理扣5分		
17	遵守相关安全规范，因违规操作造成人身和设备事故的，总分按0分处理				
18			分数合计		

学习任务 4

前轮前束的检测与调整

【任务描述】

一辆五菱宏光轿车，车主反映行驶中必须紧握转向盘才能保持汽车直线行驶，若稍有放松汽车就向左行驶，偏离车道，并且该车前轮轮胎外侧面磨损比内侧面严重，经过诊断分析怀疑是前轮前束有问题，请你根据维修手册相关要求，在规定时间内对该车前轮前束参数进行检测与调整，并自检完成后交付验收。

【学习目标】

一、知识目标

1. 能叙述车轮定位的作用；
2. 能叙述车轮定位的内容和相关参数的含义；
3. 能叙述前轮前束的检测要求、技术标准；
4. 能叙述前轮前束检测与调整方法。

二、技能目标

1. 会正确使用工、量具；
2. 会正确操纵举升设备；
3. 根据维修手册相关技术要求，安全规范地检测、调整前轮前束。

建议学时：4学时

【知识准备】

一、概述

1. 车桥的作用

车桥位于悬架与车轮之间，其两端安装车轮，通过悬架与车架（或车身）相连，其功用是传递车架（或车身）与车轮之间各种载荷。

2. 车桥的分类

按驱动方式不同，车桥分为转向桥、驱动桥、转向驱动桥和支持桥四种类型。其中转向桥和支持桥都属于从动桥。

在后轮驱动的汽车中，前桥不仅用于承载，而且兼起转向作用，称为转向桥。后桥不仅用于承载，而且兼起到驱动的作用，称为驱动桥。越野汽车和前轮驱动汽车的前桥，除了承载和转向的作用外，还兼起到驱动作用，所以称为转向驱动桥。只起到支承作用的车桥称为支持桥。挂车的车桥就是支持桥。支持桥除不能转向外，其他功能和结构与转向桥相同。

（1）转向桥。转向桥通常位于汽车前部，故也称为前桥，如图4.4.1所示。转向桥的作用是支承部分重量，安装前轮及制动器（前），连接车架，承受车架与车轮之间的作用力及其产生的弯矩和转矩，同时还要使前轮偏转以实现转向。

转向桥基本结构由前轴、转向节、主销、轮毂等部分组成，前轴是转向桥的主体，根据断面形状分"工"字梁式和管式两种。

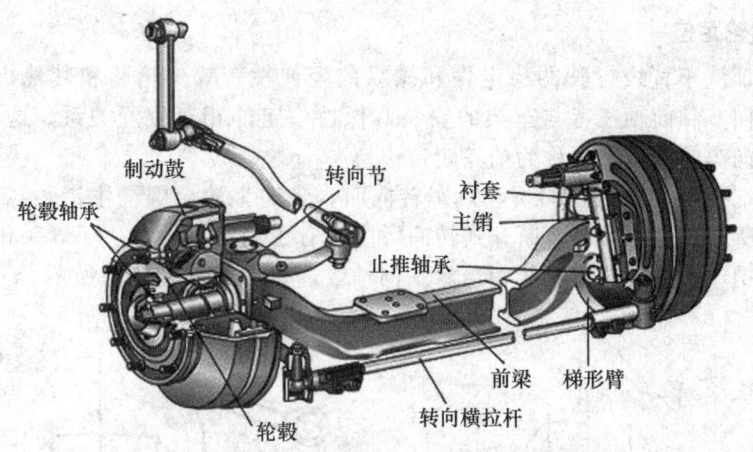

图4.4.1 汽车整体式转向桥结构

（2）转向驱动桥。转向驱动桥结合转向桥与驱动桥功能于一体，主要用于一些轿车与全轮驱动的汽车的前桥上，能实现车轮转向和驱动。桑塔纳2 000轿车的转向驱动桥，采用的是断开式、独立悬架转向驱动桥。车桥上端通过左、右悬架与承载式车身相连接，下端通过左、右下摆臂与固定在车身上的副车架相连接。悬架车轮轴承壳与下摆臂之间通过可移动球形接头连接，从而使前轮固定，并通过下摆臂上的长孔可调整车轮外倾角，为了减小车辆转向时的车身倾斜，在副车架与下摆臂之间还装有横向稳定器，如下图4.4.2所示。

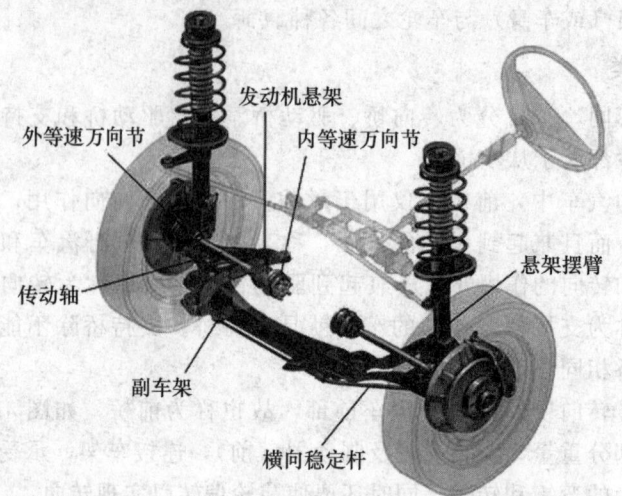

图 4.4.2 桑塔纳 2 000 轿车的转向驱动桥

二、车轮定位

1. 转向轮定位

为了保证汽车直线行驶的稳定性和操纵的轻便性,减少轮胎和其他机件的磨损,转向轮、转向节和前轴三者与车架的安装应保持一定的相对位置关系,这种安装位置关系称为转向车轮定位,也称为前轮定位。

对于两端装有主销的转向桥,汽车转向时,转向车轮会围绕主销轴线偏转,如图 4.4.3(a)所示。但在大多数断开式转向桥中没有主销,采用上、下球头销代替主销,上、下球头销球头中心的连心线相当于主销轴线,如图 4.4.3(b)所示。

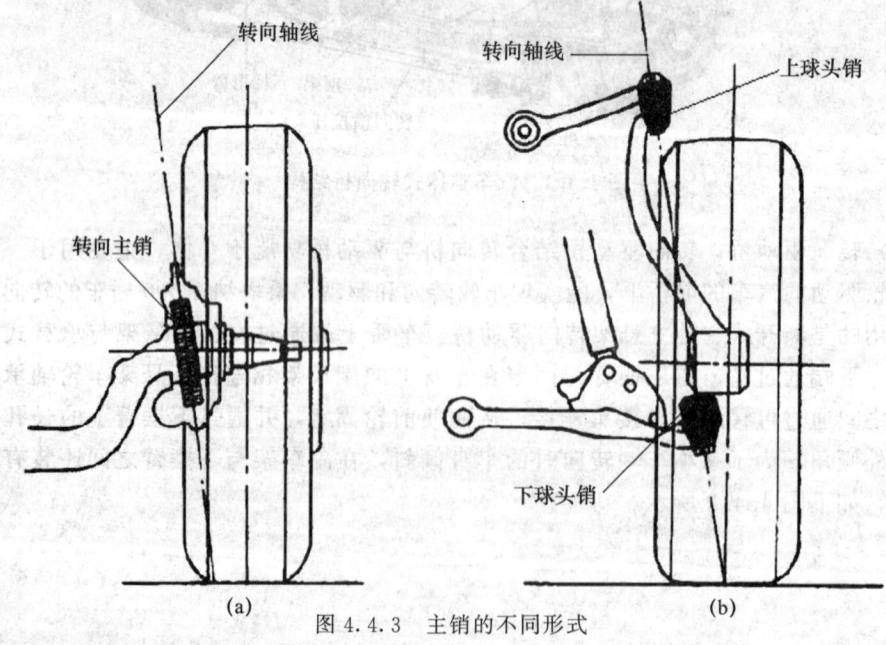

图 4.4.3 主销的不同形式

转向轮定位包括主销后倾、主销内倾、车轮外倾及前轮前束四个参数。现以有主销的转向桥为例说明转向车轮定位。

(1) 主销后倾。主销安装在前轴上，其上端略向后倾斜，这种现象称为主销后倾。在垂直于汽车支承平面的纵向平面内，主销轴线与汽车支承平面垂直线之间的夹角 y 称为主销后倾角，如图 4.4.4 所示。

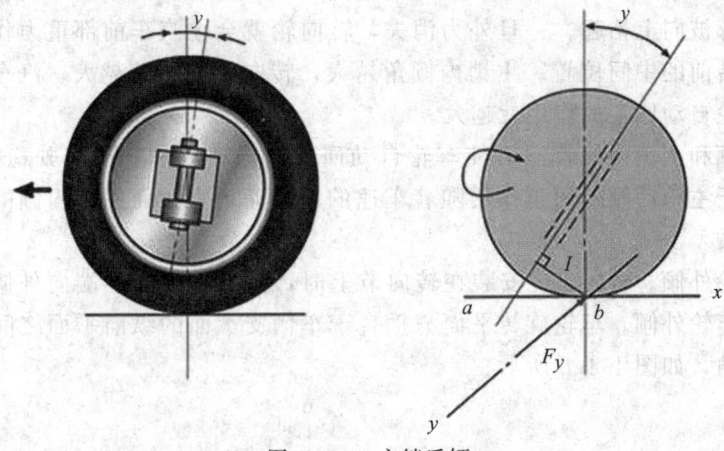

图 4.4.4 主销后倾

主销后倾的功用是形成回正力矩，保证汽车直线行驶的稳定性，并使汽车转向后回正操纵轻便。主销后倾角越大，车速越高，回正力矩越大，转向轮偏转后自动回正的能力也越强。

此外，有些汽车由于采用超低压轮胎，弹性增加，转向时因轮胎弹性变形而使轮胎与路面的接触点后移，使回正力矩增加，故主销后倾角可以减小，甚至为负值（即主销前倾）。

主销后倾角一般是将前轴连同悬架安装在车架上时，使前轴向后倾斜而形成的。

(2) 主销内倾。主销安装在前轴上，其上端略向内侧倾斜，这种现象称为主销内倾。在垂直于汽车支承平面的横向平面内，主销轴线与汽车支承平面垂线之间的夹角 β 称为主销内倾角，如图 4.4.5 所示。

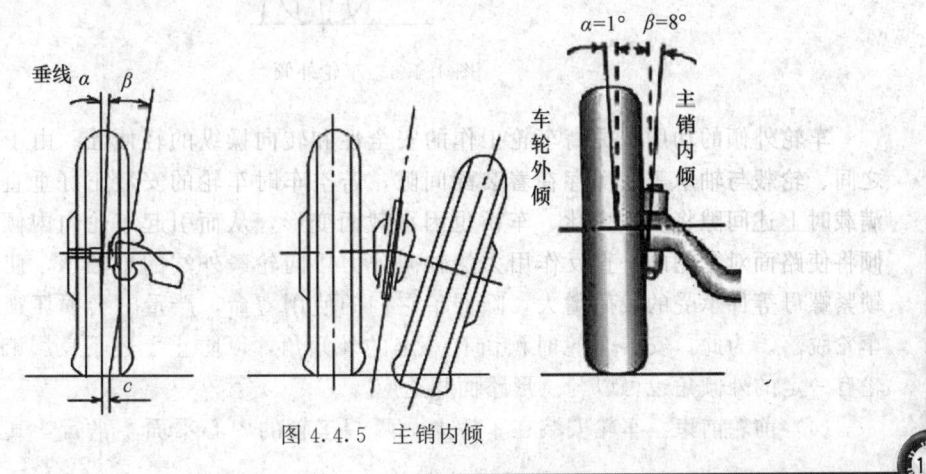

图 4.4.5 主销内倾

主销内倾的功用是使转向轮自动回正,并使转向操纵轻便。

由于主销内倾,转向时,路面作用在转向轮上的阻力对主销轴线产生的力矩减小,从而可减少转向时驾驶人施加在转向盘上的力,使转向操纵轻便。同时还可以减小因路面不平而从转向轮传到转向盘上的冲击力。

当转向轮在外力作用下绕主销旋转而偏离中间位置时,由于主销内倾,车轮连同整个汽车前部被向上抬起。一旦外力消失,转向轮就会在汽车前部重力作用下力图自动回正到旋转前的中间位置。主销内倾角越大,转向轮偏转角越大,汽车前部就抬起越高,转向轮自动回正的作用就越大。

主销后倾和主销内倾都具有使车轮自动回正及保证汽车直线行驶稳定性的作用,但其区别在于主销后倾的回正作用随着车速的增高而增大,而主销内倾的回正作用几乎与车速无关。

(3) 车轮外倾。转向车轮安装在转向节上时,其旋转平面上端向外倾斜,这种现象称为转向车轮外倾。车轮旋转平面与垂直于车辆支承面的纵向平面之间的夹角 α 称为车轮外倾角,如图 4.4.6 所示。

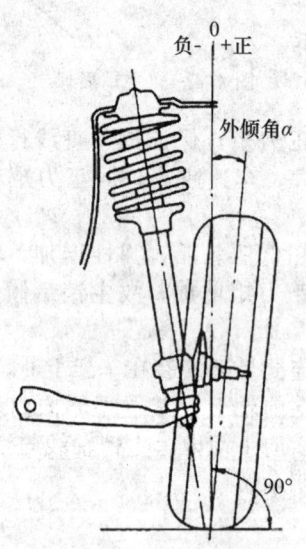

图 4.4.6　车轮外倾

车轮外倾的功用是提高车轮工作的安全性和转向操纵的轻便性。由于主销与衬套之间、轮毂与轴承等处都存在着装配间隙,若空车时车轮的安装正好垂直于路面,则满载时上述间隙将发生变化,车桥也因承载而变形,从而引起车轮向内倾斜。车轮内倾将使路面对车轮的垂直反作用力的轴向分力压向轮毂外端的小轴承,使该轴承及其锁紧螺母等件承受的载荷增大,降低了它们的使用寿命,严重时会损坏锁紧螺母而使车轮脱落。为此,安装车轮时预留有一定的外倾角,以防止上述不良影响。此外,车轮有一定的外倾角也可以与拱形路面相适应。

(4) 前轮前束。车轮安装在车桥上,两端车轮的中心平面不平行,其前端略向内侧收束，这种现象称为前轮前束。两前轮后端距离 A 大于前端距离 B，其差值 A−B 称为前轮前束值。如图 4.4.7 所示。

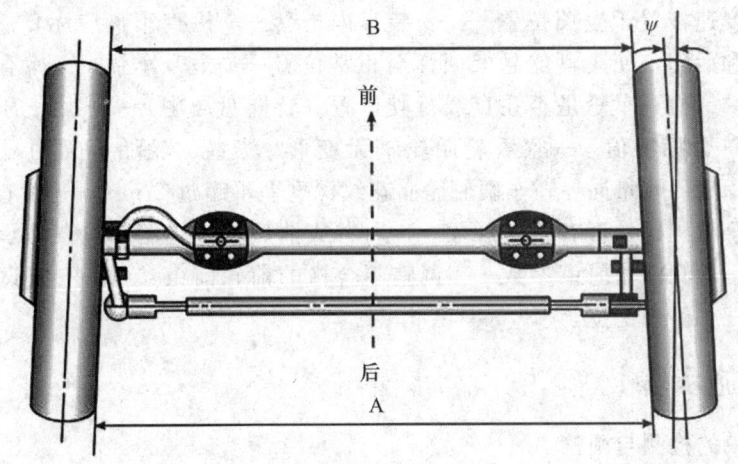

图 4.4.7　前轮前束

前轮前束的功用是消除因车轮外倾所造成的不良后果，保证车轮不向外滚动，防止车轮侧滑和减轻轮胎的磨损。

2. 非专向轮定位

后轮与后轴之间的相对安装位置关系，称为后轮定位。随着车速的不断提高，为了提高汽车高速行驶的稳定性，在结构设计上应确保汽车具有不足转向特性。为此，转向轮定位的内容已扩展到非转向轮（后轮）。汽车后轮具有一定程度的外倾角和前束。

后轮定位内容主要包括后轮外倾角和后轮前束。

（1）后轮外倾角。为了对载荷进行补偿，采用独立后悬架的大多数车辆常带有一个较小的正后轮外倾角。

（2）后轮前束。后轮前束的作用与前轮前束基本相同。一般前驱汽车，前驱动轮宜采用正前束，后从动轮宜采用负前束；对于后驱汽车，前从动轮宜采用负前束，后驱动轮宜采用正前束。

【任务准备】

一、工、量具及材料的准备

1. 设备及相关物品：举升机、五菱宏光轿车、维修手册、车内外护套、抹布。

2. 工、量具：胎压表、胎纹深度尺、一字螺丝刀、十字螺丝刀、尖嘴钳、120 件套工具、卷尺。

3. 材料：五菱宏光轿车配套规格轮胎。

二、工作流程的准备

准备相关工、量具和物品——将车辆停驻在举升机平台的中央位置——拉紧驻车制动器,将变速杆置于空挡位置——安装车内护套——检查车辆应无负载——分别压车身的前部和后部,使车辆的悬架回弹至正常位置——举升车辆——检查车辆是否处于水平位置——检查车轮是否在直线行驶位置(转向盘居中)——用气压表检查轮胎充气压力应符合标准值——察看轮胎轮辋无变形、裂纹,轮胎应无明显的异常磨损——用胎纹深度尺测量同一轿车两侧轮胎花纹深度差不超过 2 mm——检查制动器是否有拖滞——悬架机构是否有松旷现象——左右或前后推拉轮胎,检查轴承间隙是否有松旷现象——检测前轮前束参数——调整不合格的前轮前束参数——路试确定汽车跑偏故障排除——整理工位

【实施步骤】

前轮前束的检测与调整。

前轮前束的检测与调整步骤按表 4.4.1 实施。

表 4.4.1 前轮前束的检测与调整步骤

(1) 维修前准备工作:实施 6S 管理,做好维修工作及耗品准备	(2) 将车辆停驻在举升机平台的中央位置,拉紧驻车制动器操纵杆,并将变速器换挡杆置于空挡位置
(3) 安装车内护套(座椅套、转向盘套、变速杆手柄套、铺设地板垫),其主要作用是在操作过程中确保驾驶室内清洁	(4) 检查车辆承载情况。检查备胎是否安放到位,检查驾驶室内是否空载
(5) 分别压车身的前部和后部,使车辆的悬架回弹至正常位置	(6) 检查车轮是否在直线行驶位置(转向盘居中)
(7) 用气压表检查轮胎充气压力应符合标准值 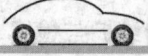	(8) 察看轮胎轮辋无变形、裂纹,轮胎应无明显的异常磨损
(9) 举升车辆。按举升机的操作流程进行举升车辆	(10) 检查举升后的车辆是否处于水平位置
(11) 用胎纹深度尺测量同一轿车两侧轮胎花纹深度差不超过 2 mm	(12) 检查制动器是否有拖滞

续 表

（13）左右或前后推拉轮胎，检查轴承是否有松旷现象 	（14）检查悬架机构是否有松旷现象 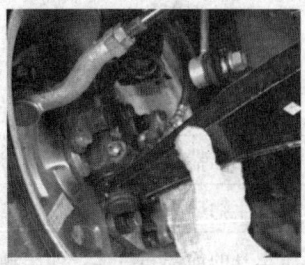
（15）检测前轮前束值时，先测量左右轮胎胎冠面在胎面的中心位置，作好记号	（16）将左右两轮胎胎冠面的中心记号向后转至与轮毂轴承相平行处，测量车轮后端的前束值
（17）再将左右两轮胎胎冠面的记号向前转180度（与轮毂轴承相平行处）测量车轮前端的前束值	（18）计算前束值，如前束值不符合标准，可通过左右横拉杆进行调整，直到符合标准为止
（19）做好车辆复位工作	（20）按6S管理要求整理工位

【任务检验】

将前轮前束调整符合标准的车辆进行路试检测，驾驶员以 50 km/h 的车速在一段直线道路上行驶时，放开方向盘直行行驶 20 m 左右，观察车辆是否出现跑偏现象，如车辆可以直线行驶，不出现明显跑偏现象，说明前束调整符合标准。

【评价与反馈】

对本学习任务进行评价，如表 4.4.2 前轮前束的检测与调整评分表所示。

表 4.4.2 前轮前束的检测与调整评分表

班级：_____ 组别：_____ 姓名：_____

序号	考核内容	配分	评分标准	得分	备注
1	作业前整理工位	3	整理遗漏酌情扣分		
2	安装汽车保护罩	3	安装不当酌情扣分		
3	检查驻车制动器是否工作	2	检查不当扣2分		
4	检查变速器是否位于空挡或P挡	2	检查不当扣2分		
5	检查车辆应无负载	5	检查不当扣5分		
6	压车身的前部和后部，使车辆的悬架回弹至正常位置	5	操作不当扣5分		
7	正确举升车辆	5	操作不当扣5分		
8	检查车辆是否处于水平位置	5	操作不当扣5分		
9	检查车轮是否在直线行驶位置（转向盘居中）	5	检查不当扣5分		
10	用气压表检查轮胎充气压力应符合标准值	5	操作不当扣5分		
11	察看轮胎轮辋无变形、裂纹，轮胎应无明显的异常磨损	5	操作不当扣5分		
12	用胎纹深度尺测量同一轿车两侧轮胎花纹深度差不超过2 mm	5	操作不当扣5分		
13	检查制动器是否有拖滞	5	检查不当扣5分		
14	检查悬架机构是否有松旷	5	检查不当扣5分		
15	检查轴承间隙是否有松旷现象	5	检查不当扣5分		
16	测量左右轮胎胎冠面在胎面中心位置作好记号	5	操作不当扣5分		
17	测量前轮前束值	10	操作不当扣10分		
18	调整前轮前束值	10	操作不当扣10分		
19	前轮前束调整结果	5	操作不当扣5分		
20	整理工位	5	不整理扣5分		
21	遵守相关安全规范，因违规操作造成人身和设备事故的，总分按0分处理				
22	分数合计				

学习任务 5
转向系统的检查与紧固

【任务描述】

一部宝骏 630 轿车在转向时动力系统有"咔哒"声或震颤声,经维修人员初步检查怀疑是转向系统部件间隙过大造成的。请你根据维修手册相关要求,在规定时间内对该车转向系统进行检查与紧固,并自检完成后交付验收。

【学习目标】

一、知识目标
1. 能描述转向系统零部件名称、功能及基本原理;
2. 能叙述并执行转向系统检查与紧固操作规程;
3. 能正确选择所需工、量具;
4. 能按技术规范对转向系统实施检查及记录数据。

二、技能目标
1. 会正确使用工、量具;
2. 会正确操纵举升设备;
3. 根据维修手册相关技术要求,安全规范地检查、紧固转向系统。

建议学时:4学时

【知识准备】

汽车上用来改变或恢复其行驶方向的专设机构称为汽车转向系统。汽车转向系统的功用是保证汽车能按驾驶员的意愿进行直线或转向行驶。

一、汽车转向系统应具备的要求

汽车转向系是汽车底盘中的一个重要组成部分,它负责保证车辆行驶过程中的方向稳定性能。对于汽车转向系，应具备以下要求：

1. 操纵轻便，转向灵敏。
2. 汽车转弯行驶时，全部车轮应绕瞬时转向中心旋转。
3. 转向轮具有自动回正能力。
4. 在行驶状态下，转向轮不得产生自振，转向盘没有摆动现象。
5. 转向机和转向传动机构中应有间隙调整机构，转向轮传给转向盘的反冲力要尽可能小。
6. 转向系应有能使驾驶员免遭或减轻伤害的防伤装置。

二、汽车动力转向系统

借助动力来操纵的转向系统称为动力转向系统。动力转向系统又可分为液压动力转向系统和电动助力动力转向系统。动力转向系统转向能源来自驾驶员的体力和发动机（或电动机），其中发动机（或电动机）占主要部分，通过转向加力装置提供。动力转向系统在正常情况下，驾驶员能轻松地控制转向，但如果转向加力装置失效时，就回到机械转向系统状态，一般来说还能由驾驶员独立承担汽车转向任务。图4.5.1为液压动力转向系统的基本组成图。

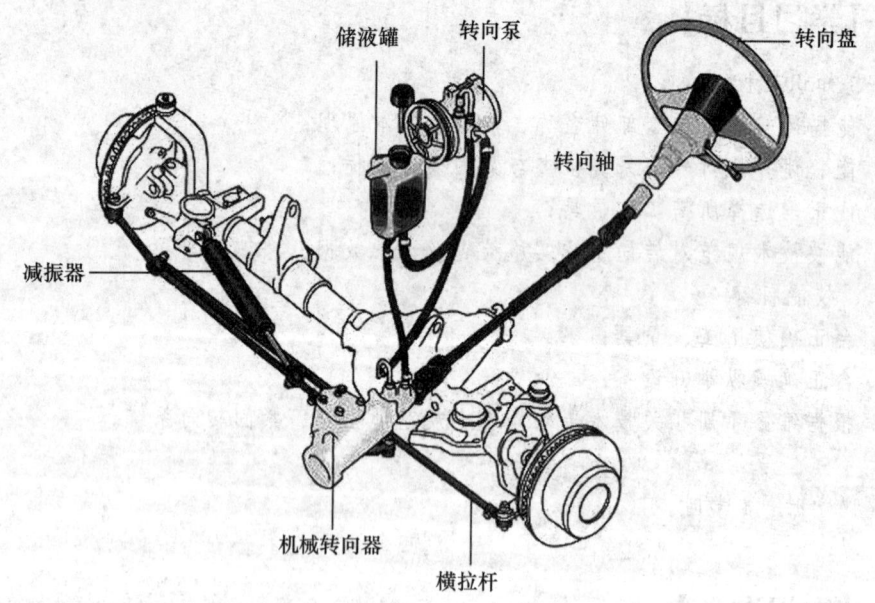

图 4.5.1 液压动力转向系统的组成

三、汽车转向操纵机构和转向盘自由行程

1. 汽车转向操纵机构

汽车转向操纵机构由转向盘、转向轴、转向管柱、万向节总成、回位环、接触环、

转向轴护套等组成,如图 4.5.2 所示。转向轴与转向管柱通过轴承装配成一体,转向管柱上带有滑块,左边的调节手轮穿过转向柱套筒上的孔和滑块配合。转向柱套筒上安装有压缩弹簧,转向柱套筒同焊接在驾驶室前围上的转向柱支架在旋转支撑中心处相连,右边的调节手轮穿过转向柱套筒上的孔和转向柱支架上的滑块配合,用于调节转向盘的角度。

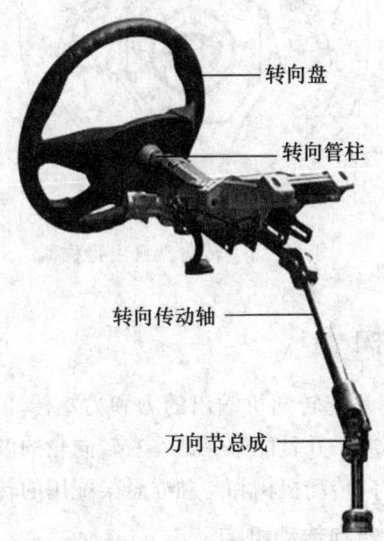

图 4.5.2 转向操纵机构

轿车的转向操纵机构要求转向管柱必须装备能够缓和冲击的吸能装置。吸能装置的基本原理是:当转向轴受到较大冲击而产生轴向位移时,通过转向管柱或支架产生塑性变形、转向轴产生错位等形式,吸收冲击的能量,从而对驾驶员起到缓和冲击的作用。

2. 转向盘自由行程

在驾驶车辆过程中,向左或向右打方向盘,不使转向轮发生偏转而转向盘锁能转过的角度称为转向盘的自由行程。转向盘的自由行程是由转向系各传动件之间的装配间隙和弹性变形所引起的:由于转向系各传动件之间都存在着装配间隙,并且这些间隙随零件的磨损而增大,因此在一定的范围内转动转向盘时,转向节并不马上同步转动,而是在消除这些间隙并克服机件的弹性变形后,才做相应的转动。转向盘自由行程对于缓和路面冲击,使驾驶操纵柔和,防止驾驶员过渡紧张等是有利的,但不宜过大,以免过分影响转向灵敏性和产生转向摇摆现象。转向盘的自由行程不应超过 10°~15°,当超过 25°~30°时,必须进行调整。如图 4.5.3 所示。

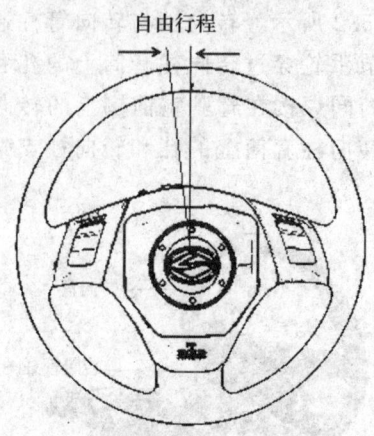

图 4.5.3 转向盘自由行程

四、汽车转向传动机构

汽车转向传动机构的作用是把转向机输出的力和力矩传递给转向车轮,使车辆两侧的转向轮偏转从而实现汽车的转向,并且能够保证左右转向轮的偏转角协调变化。转向传动机构分为与非独立悬架配用的转向传动机构和与独立悬架配用的转向传动机构。

1. 与非独立悬架配用的转向传动机构

与非独立悬架配用的转向传动机构由转向摇臂、转向直拉杆、转向节臂、转向节、转向梯形臂、转向横拉杆等组成。在前桥仅为转向桥的情况下,由转向横拉杆和左、右梯形臂组成的转向梯形一般布置在前桥之后。当转向轮处于与汽车直线行驶相应的中立位置时,转向梯形臂与转向横拉杆在与道路平行的平面(水平面)内的交角大于 90°,如图 4.5.4(a)所示。在发动机位置较低或转向桥兼充驱动桥的情况下,为避免运动干涉,往往将转向梯形布置在前桥之前,此时上述交角小于 90°,如图 4.5.4(b)所示。

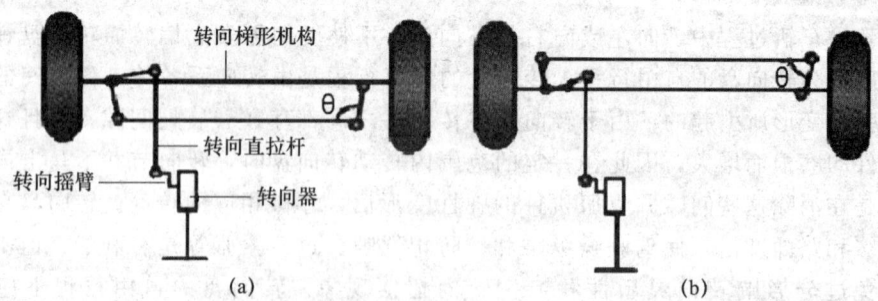

图 4.5.4 与非独立悬架配用的转向传动机构

(1)转向摇臂。转向摇臂的结构形式如图 4.5.5 所示。转向摇臂的大端用锥形三角细花键与转向机中摇臂轴的外端连接,小端通过球头销与转向直拉杆作空间铰链连接。

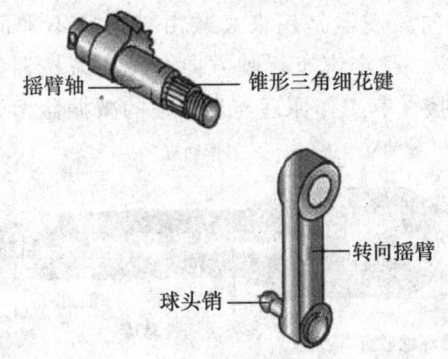

图 4.5.5 转向摇臂

(2) 转向直拉杆。转向直拉杆的结构如图 4.5.6 所示。它是连接转向摇臂和转向节臂的杆件,具有传动和缓冲作用。在转向轮偏转且因悬架弹性变形而相对于车架跳动时,转向直拉杆与转向摇臂及转向节臂的相对运动都是空间运动,为了不发生运动干涉,三者之间的连接件都是球形铰链。

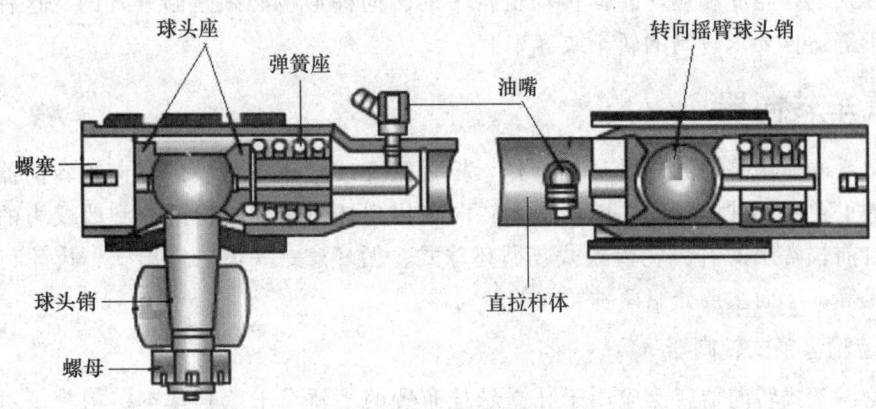

图 4.5.6 转向直拉杆

(3) 转向横拉杆。转向横拉杆的结构如图 4.5.7 所示。其组成有横拉杆体和两个旋装在两端的拉杆接头。转向横拉杆的特点是长度可以调整,通过调整横拉杆的长度,可以调整前轮前束值。

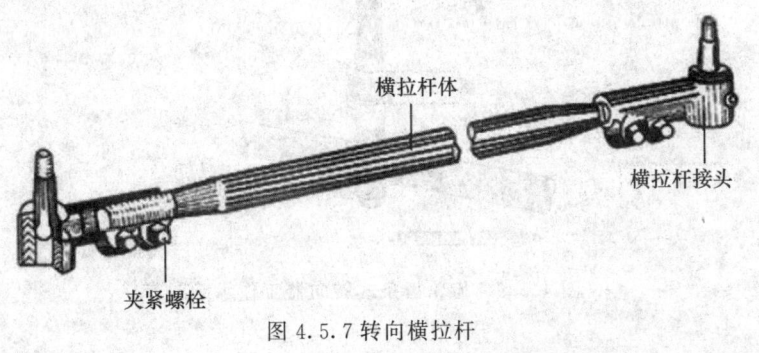

图 4.5.7 转向横拉杆

（4）转向减震器。转向减震器是用来衰减由于道路不平而传递给转向盘的冲击、振动，防止转向盘"打手"，稳定汽车行驶方向。转向减振器的结构如图4.5.8所示，一端与车身（或前桥）铰接。其工作原理与悬架中的减振器相类似。

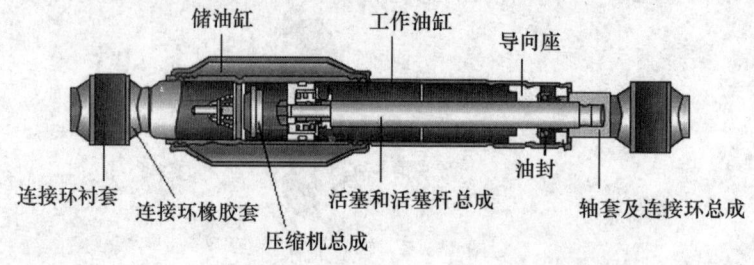

图4.5.8 转向减震器

2. 与独立悬架配用的转向传动机构

当转向轮独立悬挂时，每个转向轮都需要相对于车架做独立运动，因而转向桥必须是断开式的。与此相应，转向传动机构中的转向梯形也必须是断开式的。这种结构大多用于舒适性要求较高的轿车或客车上。

五、汽车转向器

转向系的作用是通过驾驶员的操作，根据需要改变汽车行驶的方向。转向器是转向系中最重要的部件，它的作用是增大转向盘传到转向传动机构的力和改变力的传递方向。目前较常用的有齿轮齿条式、循环球式、循环球——齿条齿扇式、齿轮齿条液压助力式等。下面主要介绍两种类式的转向器。

1. 齿轮齿条式转向器

齿轮齿条式转向器广泛应用于独立悬挂布置的小轿车上。其基本结构是一对相互啮合的小齿轮和齿条。转向轴带动小齿轮旋转时，齿条便做直线运动，如图4.5.9所示。它的优点是结构简单，成本低廉，转向灵敏，体积小，可以直接带动横拉杆。有时，靠齿条来直接带动横拉杆，就可使转向轮转向。

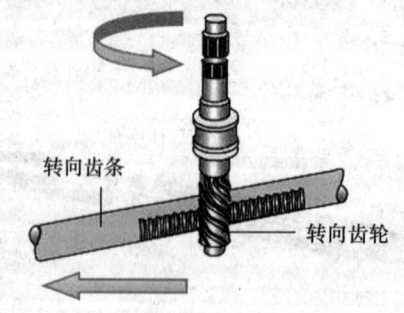

图4.5.9 齿轮齿条式转向器工作示意图

齿轮齿条式转向器按结构形式可分两端输出式和中间输出式两种结构形式，如图4.5.10 所示。

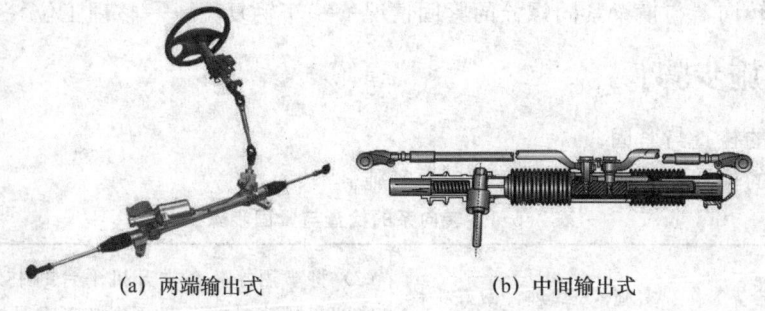

(a) 两端输出式　　　　　　(b) 中间输出式

图 4.5.10　齿轮齿条式转向器结构形式

2. 齿轮齿条液压助力式转向器

齿轮齿条液压助力式转向器与机械转向器相比较，在结构上增加了转向油泵、转向油罐、转向油管、转向阀、转向油缸等部件。此转向器利用发动机的动力带动转向油泵使之产生高压转向液，再由油管把高压转向液送到相应的工作油腔来推动工作活塞，从而可以减轻驾驶员转动方向盘的力。如图 4.5.11 所示。

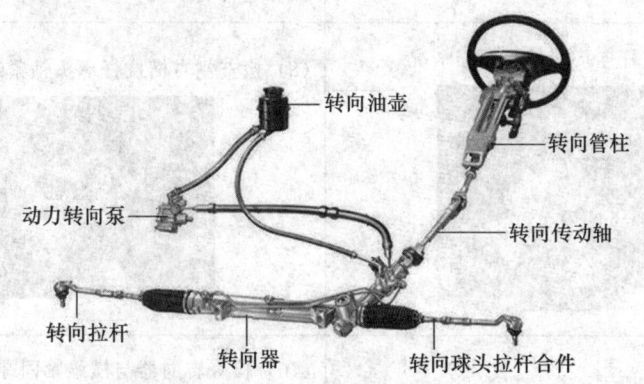

图 4.5.11　齿轮齿条式液力转向器

【任务准备】

一、工、量具及材料的准备

1. 设备及相关物品：举升机、宝骏 630 轿车及其维修手册、车内外护套、抹布。
2. 工、量具：预置扭力扳手、普通扭力扳手、尖嘴钳、鲤鱼钳、120 件套工具。
3. 材料：宝骏 630 轿车转向系统配套规格的螺栓、螺母。

二、工作流程的准备

准备相关工、量具和物品——将车辆停驻在举升机平台的中央位置——拉紧驻车制动器，将变速杆置于空挡位置——安装车内护套——检查转向盘自由行程——左右转动转向盘检查转向系统是否有异响——举升车辆至合适高度——用力推拉横拉杆，检查球头磨损情况——检查球头锁紧螺母的紧固情况——调整预置扭力扳手至规定扭力——检查转向器与横梁紧固螺栓的紧固情况——车辆复位——整理工位

【实施步骤】

转向系的检查与紧固。

转向系的检查与紧固步骤按表4.5.1实施。

表4.5.1　转向系的检查与紧固步骤

(1) 维修前准备工作：实施6S管理，做好维修工作及耗品准备	(2) 将车辆停驻在举升机平台的中央位置，拉紧驻车制动器操纵杆，并将变速器换挡杆置于空挡位置
(3) 安装车内护套（座椅套、转向盘套、变速杆手柄套、铺设地板垫），其主要作用是在操作过程中确保驾驶室内清洁	(4) 调整转向盘使左右车轮处于直线行驶状态，右手拿直尺，左手转动转向盘，检查转向盘自由行程
(5) 左右转动转向盘时，察听转向系统是否有松旷异响	(6) 将车辆举升至合适高度，方便进入车辆底部检查转向系统
(7) 检查左右横拉杆连接、球头磨损情况 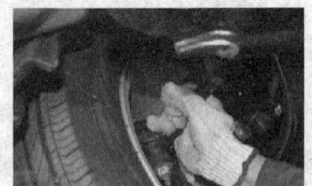	(8) 检查左右横拉杆球头锁紧螺母的锁紧情况 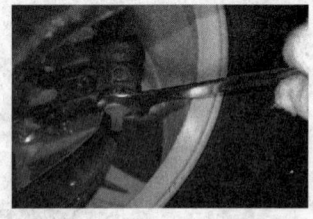
(9) 调整预置扭力扳手至规定扭矩 	(10) 检查转向器与横梁紧固螺栓的紧固情况 
(11) 清洁工、量具，将车辆降落到地面。复位车辆	(12) 按6S管理要求清洁场地卫生

【任务检验】

汽车转向系统检查紧固完成后应进行检验，启动发动机检查转向系统是否操纵轻

便,转向时是否还有异响等。

【评价与反馈】

对本学习任务进行评价,如表 4.5.2 转向系的检查与紧固评分表所示。

表 4.5.2 转向系的检查与紧固

班级:_____ 组别:_____ 姓名:_____

序号	考核内容	配分	评分标准	得分	备注
1	作业前整理工位	5	整理遗漏酌情扣分		
2	安装汽车护套	5	安装不当酌情扣分		
3	检查转向盘自由行程	10	检查不当扣 10 分		
4	检查转向系的松旷异响情况	10	检查不当扣 10 分		
5	检查左右横拉杆连接,球头磨损	10	检查不当每处扣 5 分		
6	检查左右横拉杆球头锁紧螺母紧固情况	20	操作不当每处扣 5 分		
7	调整预置扭力扳手	10	调整不对扣 10 分		
8	检查转向器与横梁紧固情况	20	检查操作不当每处扣 5 分		
9	车辆复位	5	操作不当扣 5 分		
10	整理工位,清洁工、量具	5	操作不当扣 5 分		
11	遵守相关安全规范,因违规操作造成人身和设备事故的,总分按 0 分处理				
12	分数合计				

项目五
汽车常见故障诊断与排除

随着经济的快速发展，汽车的普及率越来越高，成为人们生活中一种重要的交通工具。汽车在运行过程中难免会出现各种各样的故障，掌握汽车常见故障的检测方法对汽车维修工就显得尤为重要。通过本项目的学习，学生能对发动机水温过高的故障进行基本的检查；能对起动机不工作和发电指示灯故障进行基本的检测；能对喇叭不响的故障进行检修；能对发动机无法起动故障进行分析。通过常见故障的检查分析，掌握基本的故障检测方法，为遇到更深层次的故障奠定基础。

本项目的学习任务可以分为：

学习任务1　发动机水温过高的故障诊断与排除

学习任务2　起动机不工作的故障诊断与排除

学习任务3　发电机充电指示灯常亮的故障诊断与排除

学习任务4　汽车喇叭不响的故障诊断与排除

学习任务5　发动机无法起动的案例分析

学习任务 1
发动机水温过高的故障诊断与排除

【任务描述】

一辆宝骏630轿车,行驶里程为20 000 km,车主反映车辆仪表盘出现水温警示灯常亮的问题,经初步检查是由于水温过高引起的。现需要维修技工根据维修手册相关要求,在规定时间内排除发动机水温过高的故障并交付验收。

【学习目标】

一、知识目标
1. 能叙述发动机冷却系统的作用;
2. 能叙述发动机冷却系统的基本结构。

二、技能目标
1. 会分析发动机水温过高的原因;
2. 能按技术要求排除水温过高的故障。

建议学时:6学时

【知识准备】

一、发动机冷却系统的作用

发动机冷却系统的作用是把发动机高温条件下的工作部件吸收的热量散发到大气中,保证发动机在所有工况下都保持在适当的温度范围内。

二、发动机冷却系统的基本组成结构

发动机冷却系统主要由水泵、散热器、电动风扇、膨胀水箱、节温器、发动机机体和汽缸体水套以及其他附加装置等组成,如图5.1.1所示。

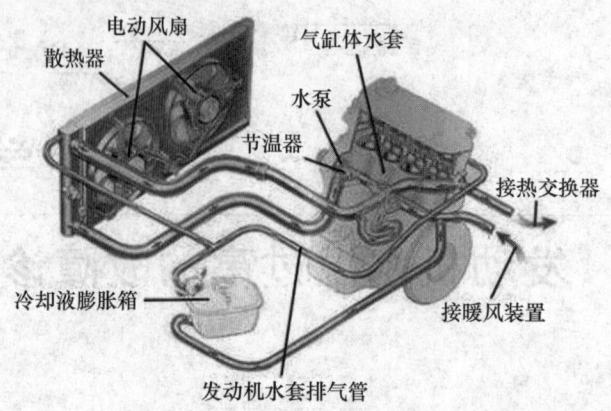

图 5.1.1 发动机冷却系统基本结构图

三、冷却水循环路线

1. 大循环

当水温高于 80 ℃时，冷却水由水泵打入分水管，并经分水管流到各气缸的水套进行冷却，随后，经上水管进入水箱并经散热器冷却后，经下水管被重新吸回水泵。如图 5.1.2 所示。

2. 小循环

当水温低于 70 ℃时，冷却水由水泵进入分水管，经水套周围冷却后直接又回到水泵。如图 5.1.3 所示。

3. 混合循环

当水温在 70 ℃～80 ℃之间时，大、小循环同时存在。

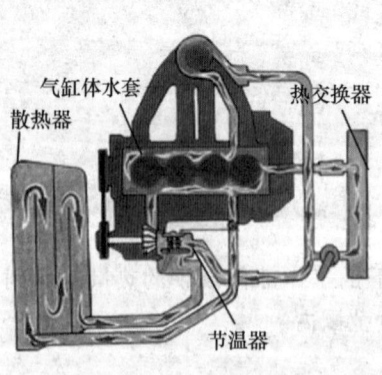
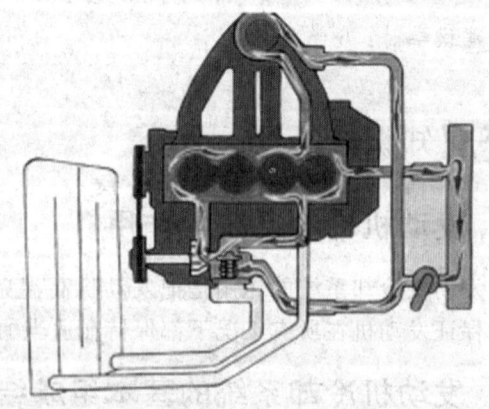

图 5.1.2 大循环路线图　　图 5.1.3 小循环路线图

四、汽车发动机水温过高的原因分析

汽车发动机水温过高的原因多种多样，具体有：

1. 冷却液问题。或者是缘于初次加注冷却液看似加满实质并未加满导致液量不足；或者是缘于冷却系统存在泄露导致系统缺少冷却液；或者是缘于冷却液变质导致沸点降低。

2. 节温器问题。节温器具备控制冷却系统大小循环的功能，如果节温器开度很小或损坏，就会导致循环管路阻塞进而使得冷却液循环散热下降。

3. 水箱问题。或者是缘于水箱中水垢过多使得水箱出现阻塞而导致冷却面积过小致使散热不足；或者是缘于水箱盖老化使得冷却系统不保压。

4. 风扇驱动系统异常问题。或者是缘于风扇离合器失效使得风扇不转；或者是缘于风扇离合器的温控开关关闭过早使得风扇转速不够；或者是冷却风扇扇叶角度变小使得吹响散热器的气流量降低；或者是风扇皮带断裂及打滑使得风扇运转出现问题，这些因素都会导致散热器的散热效能大幅降低。

5. 水泵问题。或者是缘于水泵皮带过松打滑影响冷却液的正常循环；或者是缘于水泵叶轮断裂使得冷却液的循环过程中断；或者是缘于壳体与气缸体的衬垫受损、螺栓扭紧力矩不均、螺钉松动等原因使得汽缸的密封性能下降，进而导致水泵出现冷却液泄漏。

6. 散热器问题。或者是缘于长期用水作为冷却剂而使得水垢过多，导致散热器内部管路堵塞；或者是缘于散热器外部散热片网格被杂物堵塞；或者是缘于散热器出水胶管使用时间过长而使水管内层脱落，从而使得散热器的散热功能大大降低，热量聚集形成温度过高。

7. 指示出现误差问题。这主要缘于感应塞损坏或线路搭铁导致水温表或警告灯指示有误。

【任务准备】

一、工、量具及材料的准备

1. 设备及相关物品：举升机、宝骏 630 轿车及其维修手册、车内外护套。
2. 工、量具：常用世达拆装工具 120 件套、数字万用表、208 接线盒。

二、工作流程的准备

检查冷却液——检查散热器——检查压力盖——检查冷却液温度传感器——检查冷却风扇——检查节温器——检查水泵

【实施步骤】

1. 发动机水温过高的故障排除方法，如表5.1.1所示。

表5.1.1 发动机水温过高故障排除方法

步骤	操作	是	否
1	检查冷却液是否有流失	转至步骤2	转至步骤3
2	加注冷却液到规定液位，发动机是否仍然过热	转至步骤3	系统正常
3	检查储液罐软管是否扭结或被夹住，特别是在散热器处	转至步骤4	转至步骤5
4	重新布置软管来消除任何扭结，必要时更换软管。发动机是否仍然过热	转至步骤5	系统正常
5	检查散热器空气密封件或导流板是否松动、缺失或损坏	转至步骤6	转至步骤7
6	修理或更换任何松动、缺失或损坏的散热器空气密封件或导流板。发动机是否仍然过热	转至步骤7	系统正常
7	检查冷却液浓度。冷却液浓度测试结果是否正确	转至步骤9	转至步骤8
8	必要时更换冷却液，发动机是否仍然过热	转至步骤9	系统正常
9	注意使用正确的压力盖，检查系统是否有压力损失	转至步骤10	转至步骤11
10	必要时修理所有的泄漏点，发动机是否仍然过热	转至步骤11	系统正常
11	检查发动机冷却液温度传感器是否出现故障	转至步骤12	转至步骤13
12	更换发动机冷却液温度传感器	转至步骤13	系统正常
13	检查散热器是否有气流阻塞或散热片弯曲	转至步骤14	转至步骤15
14	拆下或重新定位阻碍空气流入散热器的加装件，清除散热器芯上的碎屑。发动机是否仍然过热	转至步骤15	系统正常

续　表

步骤	操作	是	否
15	检查冷却系统通道是否堵塞	转至步骤16	转至步骤17
16	清除所有堵塞物。必要时，冲洗冷却系统，重新加注冷却液。发动机是否仍然过热	转至步骤17	系统正常
17	检查冷却风扇是否不工作	转至步骤18	转至步骤19
18	更换冷却风扇，发动机是否仍然过热	转至步骤19	系统正常
19	检查节温器是否卡在关闭位置	转至步骤20	转至步骤21
20	更换节温器	转至步骤21	系统正常
21	检查水泵是否出现故障。叶轮叶片可能腐蚀或断裂	转至步骤22	
22	更换水泵，发动机是否仍然过热	—	系统正常

2. 小结

汽车发动机水温高是一个常见的故障，会给发动机带来严重的损害，如引起发动机出现爆燃而使动力下降、油耗增加，润滑油变稀使发动机磨损加剧，甚至还有可能导致活塞膨胀，发动机出现拉缸等一系列严重问题。所以我们在行车过程中应保证发动机在正常的工作温度范围内运行。

发动机正常工作时水温一般在80～90度之间。不同车型略有差别，但当发动机水温超过100度，即属高温，发动机高温会带来一系列的故障，比如发动机高温会造成汽缸头变型，汽缸床冲缸，机油润滑降低造成机件磨损，各密封圈受高温影响失去弹性，固化造成密封不严而漏油、漏气、漏水等故障。电器设备受高温影响可造成烧毁、短路、击穿，因而影响到电器的正常工作。所以发动机高温不可小视，应给予重视。

通常判断发动机是否高温是通过驾驶员观看仪表上的水温表显示器来确定的。当水温表显示高温时必须认真对待，无论是真高温还是假高温都须马上去处理，以免造成对发动机更大的伤害。所谓假高温是指水温表显示高温而发动机温度是正常的。这种现象故障一般出自于电路部分，比如水温感应器、水温表及控制元件。

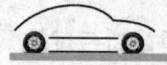【评价与反馈】

对本学习任务进行评价,如表 5.1.1 发动机水温过高的故障检测评分表所示。

表 5.1.1　发动机水温过高的故障检测评分表

班级:＿＿＿＿＿＿　　　组别:＿＿＿＿＿＿　　　姓名:＿＿＿＿＿＿

序号	考核内容	评分标准	配分	得分
1	工、量具的使用	使用不正确酌情扣分	10	
2	冷却液的检查	检查方法、数据是否正确,错一处扣 10 分	10	
3	储液罐软管的检查	检查方法、数据是否正确,错一处扣 5 分	5	
4	散热器的检查	检查方法、数据是否正确,错一处扣 10 分	10	
5	压力盖的检查	检查方法、数据是否正确,错一处扣 10 分	10	
6	冷却液温度传感器的检查	检查方法、数据是否正确,错一处扣 10 分	10	
7	冷却系统通道的检查	检查方法、数据是否正确,错一处扣 10 分	10	
8	冷却风扇的检查	检查方法、数据是否正确,错一处扣 10 分	10	
9	节温器的检查	检查方法、数据是否正确,错一处扣 10 分	10	
10	水泵的检查	检查方法、数据是否正确,错一处扣 10 分	10	
11	6S 管理	违反安全文明操作的每一项扣 1 分	5	
12	遵守相关安全规范,因违规操作造成人身和设备事故的,总分按 0 分处理			
13	分数合计			

学习任务 2

起动机不工作的故障诊断与排除

【任务描述】

一辆宝骏 630 轿车，行驶里程 20 000 km，车主反映车辆出现无法起动现象。经检查发现起动机不工作。现需要维修技师根据维修手册相关要求，在规定时间内排除起动机不工作的故障并交付验收。

【学习目标】

一、知识目标
1. 能叙述发动机起动系统的作用；
2. 能叙述发动机起动系统的基本结构。

二、技能目标
1. 能够分析起动系统故障的原因；
2. 能够按技术要求规范排除起动系统故障。

建议学时：4 学时

【知识准备】

一、发动机起动系统的概述

使发动机从静止状态过渡到工作状态的全过程，叫发动机的起动。完成起动所需要的装置叫起动系统。

发动机起动系统主要由蓄电池、起动机、点火开关、起动继电器及相关线路等组成。起动机在点火开关、起动继电器等元件的控制下，将蓄电池的电能转变成机械能，带动发动机飞轮使曲轴旋转，完成发动机的起动过程。如图 5.2.1 所示。

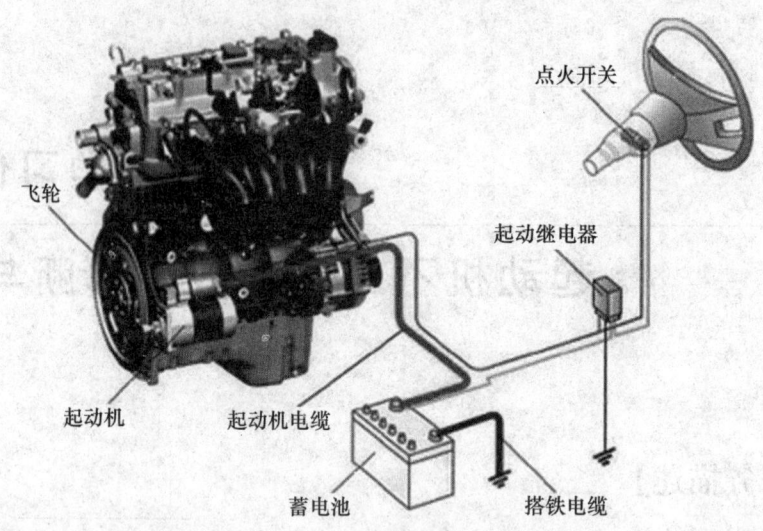

图 5.2.1　发动机起动系统基本结构图

1. 起动条件

（1）起动转矩。能够使曲轴旋转的最低转矩称为起动转矩，起动转矩必须克服压缩阻力和内磨擦阻力矩。起动阻力矩与发动机压缩比、温度、机油粘度等有关。

（2）起动转速。能使发动机起动的曲轴最低转速称为起动转速，在 0～20 ℃时，汽油机的起动转速为 30～40 r/min，柴油机的起动转速为 150～300 r/min。

2. 起动方式

转动曲轴使发动机起动的方式很多，汽车发动机常用的有两种：

（1）人力起动。起动最为简单，只须将起动手摇柄端头的横销嵌入发动机曲轴前端的起动爪内，以人力转动曲轴。

（2）电动机起动。电动机起动是用电动机作为机械动力，当将电动机轴上的齿轮与发动机飞轮周缘的齿圈啮合时，动力就传到飞轮和曲轴，使之旋转。电动机本身又用蓄电池作为电源。

3. 起动过程

起动时，接通起动开关，起动机电路通电，继电器的吸引线圈和保持线圈通电，产生很强的磁力，吸引铁芯左移，并带动驱动杠杆绕其销轴转动，使齿轮移出与飞轮齿圈啮合。与此同时，由于吸引线圈的电流通过电动机的绕组，电枢开始转动，齿轮在旋转中移出，减小冲击。起动过程如图 5.2.2 所示。

如果齿轮与飞轮齿端相对，不能马上啮合，此时弹簧压缩，当齿轮转过一个角度后，齿轮与飞轮迅速啮合。当铁芯移动到使短路开关闭合的位置时，短路线路接通，吸引线圈被短路，失去作用，保持线圈所产生的磁力足以维持铁芯处于开关吸合的位置。

项目五 汽车常见故障诊断与排除

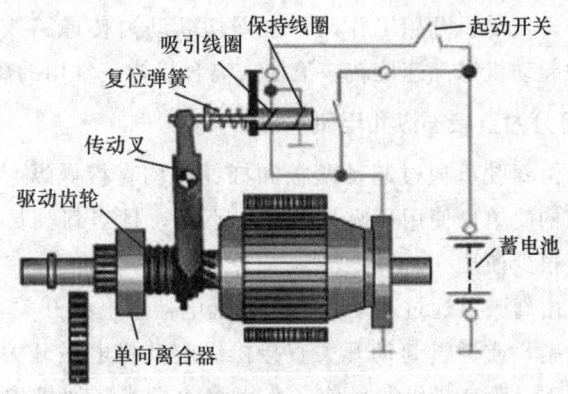

图 5.2.2 起动机起动过程

二、起动机的基本结构

起动机一般由直流电机、传动机构、操纵机构等三大部分组成,如图 5.2.2 所示。

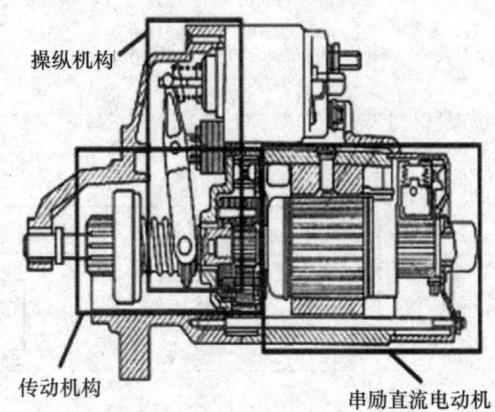

图 5.2.3 起动机基本结构图

1. 直流电机

直流电动机常采用串励直流电动机,其特点是低速时转矩很大,随转速增加,转矩减小,这一特征非常适合发动机起动的要求。

一般情况下汽车用的起动机功率为 1.5 kW,电压为 12 V。柴油机用起动机功率为 5 kW,电压为 24 V。

2. 传动机构（离合机构）

起动机应该只在起动时才与发动机曲轴相联,而当发动机开始工作之后,起动机应立即与曲轴分离。否则,随着发动机转速的升高,将使起动机大大超速,产生很大的离心力,而使起动机损坏（起动机电枢绕组松弛,甚至飞散）。

因此,起动机中装有离合机构。在起动时,它保证起动机的动力能够通过飞轮传递给曲轴;起动完毕,发动机开始工作时,立即切断动力传递路线,使发动机不可能反过来通过飞轮驱动起动机以高速旋转。滚柱式离合机构是常用的离合机构。

3. 操纵机构(可分为直接操纵和电磁操纵)

(1)直接操纵。由驾驶员通过起动踏板和杠杆机构直接操纵起动开关,并使传动齿轮副进入啮合。结构简单,使用可靠,但操作不便,且当驾驶员座位距起动机较远时难以布置,目前已很少使用。

(2)电磁操纵。由驾驶员通过起动开关操纵继电器(电磁开关),由继电器操纵起动机电磁开关和齿轮副,或通过起动开关直接操纵起动机电磁开关和齿轮副。布置灵活,使用方便,适宜于远距离操纵,目前,车用汽油机或柴油机均采用电磁操纵式起动机。起动机齿较与飞轮齿圈传动比为10~15。

三、起动系统控制电路分析

1. 宝骏630起动系统控制电路图,如图5.2.4所示。

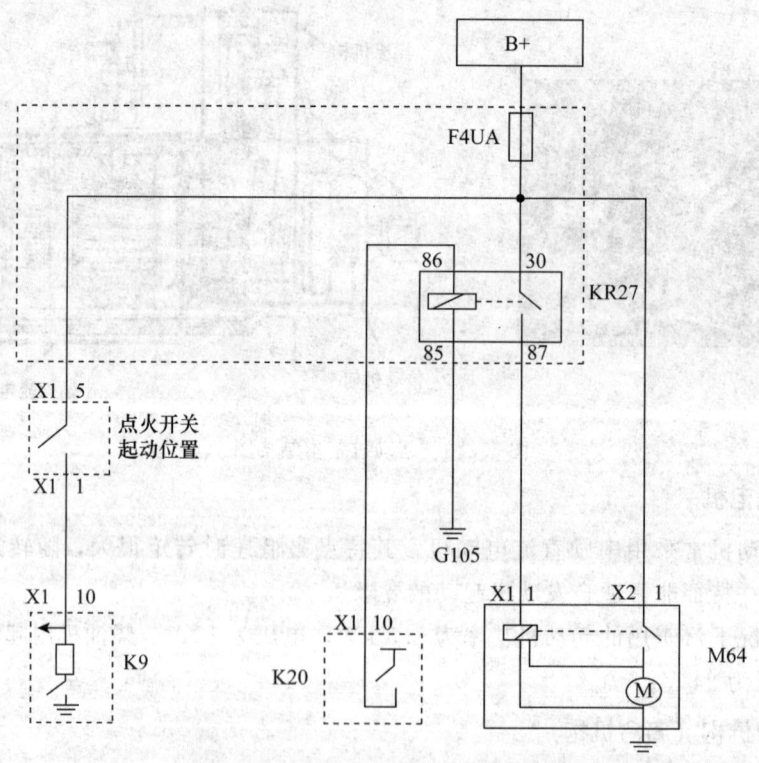

图5.2.4 宝骏630起动系统控制电路图

2. 控制电路分析

（1）起动继电器线圈回路工作分析

当点火开关打至 ST 档时，K9（车身控制模块）接收到点火开关起动信号，传输给发动机控制模块。K20（发动机控制模块）线束 X1（10 端）——KR27 的线圈——搭铁。

（2）起动继电器触点回路工作分析

蓄电池正极——F4UA 保险——KR27 的触点——M64 起动机（由此分两路：一路到保持线圈——搭铁；另一路到吸拉线圈——起动绕组——搭铁）。

（3）起动机主回路工作分析

蓄电池正极——M64 起动机电源接线柱——电磁开关触点——起动绕组——搭铁。

四、起动机故障原因分析

起动机不工作的可能故障原因如下：

1. 电源故障。蓄电池严重亏电或极板硫化、短路等，蓄电池极桩与线夹接触不良，起动电路导线连接松动而接触不良等。

2. 起动机故障。换向器与电刷接触不良，励磁绕组或电枢组有断路或短路，绝缘电刷搭铁或电磁开关线圈断路、短路，搭铁或其触点烧蚀等。

3. 起动继电器故障。起动继电器线圈断路、短路，搭铁或其触点接触不良。

4. 点火开关故障。点火开关接线松动或内部接触不良。

5. 起动系统线路和控制模块故障。起动线路中有断路，导线接触不良或松脱以及控制模块故障等。

【任务准备】

一、工、量具及材料的准备

1. 设备及相关物品：举升机、宝骏 630 轿车及其维修手册、车内外护套。

2. 工、量具：常用世达拆装工具 120 件套、数字万用表、208 接线盒。

二、工作流程的准备

起动机不工作的故障检测流程，如图 5.2.4 所示。

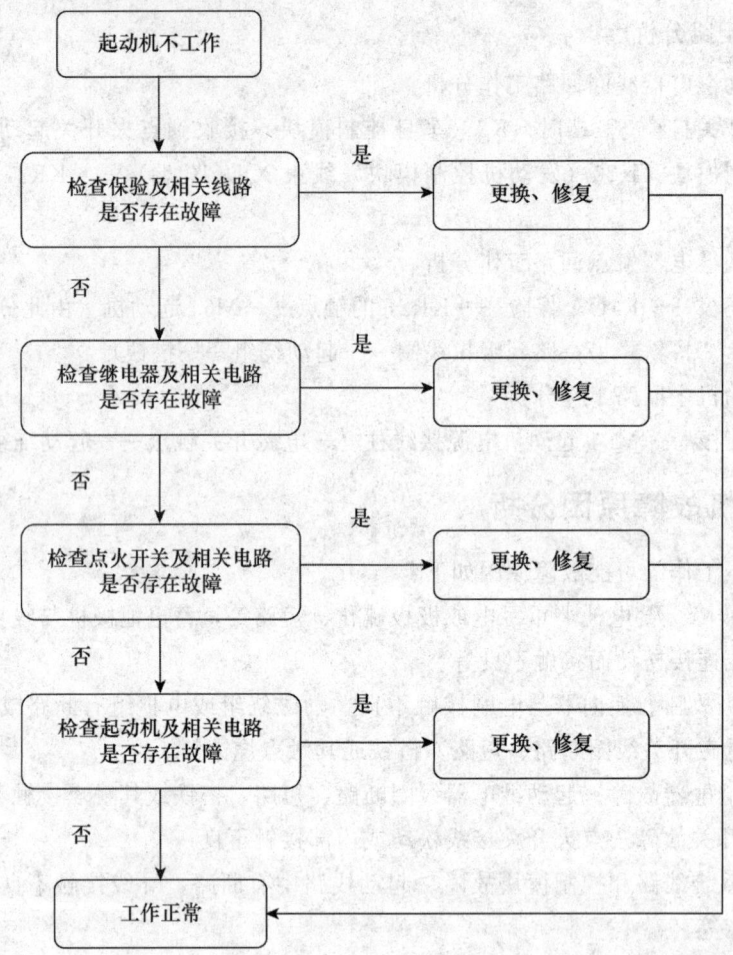

图 5.2.4　起动机不工作的故障检测流程

【实施步骤】

一、检查保险及相关线路（根据宝骏起动电路图检测，见图5.2.4）

保证蓄电池电压正常的情况下，用万用表测量保险F4UA前端电压，测得电压值是应在11～14 V之间。如果电压不正常，拆下蓄电池正极，测量保险前端至蓄电池正极间的电阻应小于1 Ω，如果不正常，则修复线路故障。如果测得保险前端电压正常，继续测量保险后端电压，若电压值正常，则保险完好，若电压值不正常，则取下保险，用万用表测量其电阻，应小于1 Ω，不正常则更换。

二、测量起动继电器及相关线路

（1）关闭点火开关，取下起动继电器。用万用表测量继电器插座上的"30"端，电压值是否正常，不正常则修复继电器插座上的"30"端至保险线路故障。

（2）打开点火开关至起动档，用万用表测量继电器插座上的"86"端电压值是否正常，不正常则测量继电器插座上的"86"端至发动机控制模块 X1 接头的"10"端电阻，应小于 1Ω，否则修复该线路故障。

（3）用万用表测量继电器插座上的"85"端至搭铁电阻，测得电阻应小于 1Ω，不正常则修复该线路故障。

（4）测量继电器的线圈和触点，并通电测试，不正常则更换。

三、测量点火开关及相关线路

（1）取下点火开关线束接头，测量点火开关线束接头 X1 的"5"端至保险电阻应小于 1Ω，否则修复该电路故障。

（2）测量点火开关线束接头 X1 的"1"端至车身控制模块 X1 的"10"端电阻应小于 1Ω，否则修复该电路故障。

（3）将点火开关打至起动档，测量点火开关上 X1 插座的"5"端和"10"端电阻应小于 1Ω，否则更换点火开关。

四、检查起动电机及相关线路

（1）断开起动电机线束接头，用万用表测量起动电机线束 X1 的"1"端至继电器插座上的"87"端电阻，应小于 1Ω，否则修复该电路故障。

（2）将起动电机通电测试，不正常则更换起动电机。

最后检查控制模块的电源电路，不正常则更换控制模块。

【评价与反馈】

对本学习任务进行评价，如表 5.2.1 起动机不工作的故障检测评分表所示。

表 5.2.1 起动机不工作的故障检测评分表

班级：_____ 组别：_____ 姓名：_____

序号	考核内容	评分标准	配分	得分
1	工、量具的使用	使用不正确扣 5 分	5	
2	保险丝前端线路检测	检测方法、数据是否正确，错一处扣 10 分	10	
4	保险丝的检测	检测方法、数据是否正确，错一处扣 10 分	10	
5	起动继电器至保险的线路检测	检测方法、数据是否正确，错一处扣 5 分	5	
6	起动继电器至 K20 的线路检测	检测方法、数据是否正确，错一处扣 5 分	5	
7	起动继电器至搭铁的线路检测	检测方法、数据是否正确，错一处扣 5 分	5	
8	起动继电器的检测	检测方法、数据是否正确，错一处扣 10 分	10	
8	点火开关至保险的线路检测	检测方法、数据是否正确，错一处扣 5 分	5	
9	点火开关的检测	检测方法、数据是否正确，错一处扣 5 分	5	
10	点火开关至 K 9 的线路检测	检测方法、数据是否正确，错一处扣 5 分	5	
11	起动机的检测	检测方法、数据是否正确，错一处扣 15 分	15	

续 表

序号	考核内容	评分标准	配分	得分
12	控制模块的检测	检测方法、数据是否正确,错一处扣10分	10	
13	6S管理	违反安全文明操作的每一项扣2分	10	
14	遵守相关安全规范,因违规操作造成人身和设备事故的,总分按0分处理			
15	分数合计			

学习任务 3

发电机充电指示灯常亮的故障诊断与排除

【任务描述】

一辆 2013 款科鲁兹轿车，行驶里程 20 000 km，车主反映车辆仪表盘出现充电指示灯常亮的问题。经检查发现是由发电机控制电路故障导致不充电引起的。现需要维修技工根据维修手册相关要求，在规定时间内排除故障并交付验收。

【学习目标】

一、知识目标
1. 能叙述汽车发电机的作用；
2. 能叙述汽车发电机的基本结构及工作原理。

二、技能目标
1. 能够分析发电系统故障原因；
2. 能够按技术要求规范排除发电系统故障。

建议学时：6 学时

【知识准备】

一、汽车发电机的概述

发电机是汽车的主要电源，其功用是在发动机正常运转时，向所有用电设备（启动机除外）供电，同时给蓄电池充电。

汽车用发电机可分为直流发电机和交流发电机，由于交流发电机的性能在许多方面优于直流发电机，直流发电机已被淘汰。目前汽车采用三相交流发电机，内部带有二极管整流电路，将交流电整流为直流电，所以，汽车交流发电机输出的是直流电。

交流发电机必须配装电压调节器，电压调节器对发电机的输出电压进行控制，使其保持基本恒定，以满足汽车用电器的需求。

二、交流发电机的基本结构

整体式交流发电机一般由转子、定子、整流器、前后端盖、风扇、带轮和集成电路电压调节器等组成。如图 5.3.1 所示。

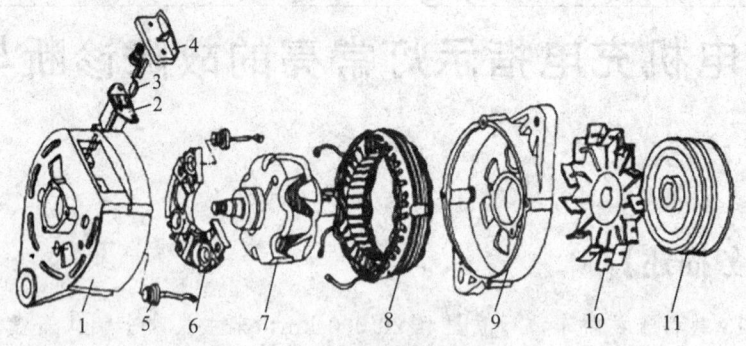

图 5.3.1　交流发电机基本结构图

1—后端盖；2—电刷架；3—电刷；4—电刷弹簧压盖；5—硅二极管
6—元件板；7—转子；8—定子；9—前端盖；10—风扇；11—带轮

1. 转子

转子的功用是产生磁场。转子由爪极、磁轭、励磁绕组、滑环、转子轴等组成，如图 5.3.2、5.3.3 所示。转子轴上压装着两块爪极，爪极被加工成鸟嘴形状，爪极空腔内装有励磁绕组和磁轭。滑环由两个彼此绝缘的铜环组成，压装在转子轴上并与轴绝缘，两个滑环分别与励磁绕组的两端相连。

当给两滑环通入直流电时，励磁绕组中就有电流通过，并产生轴向磁通，使爪极一块被磁化为 N 极，另一块被磁化为 S 极，从而形成六对（或八对）相互交错的磁极。当转子转动时，就形成了旋转的磁场。

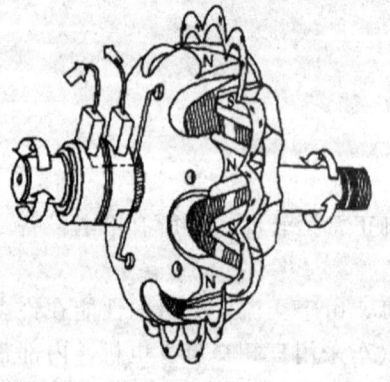

图 5.3.2　交流发电机转子总成

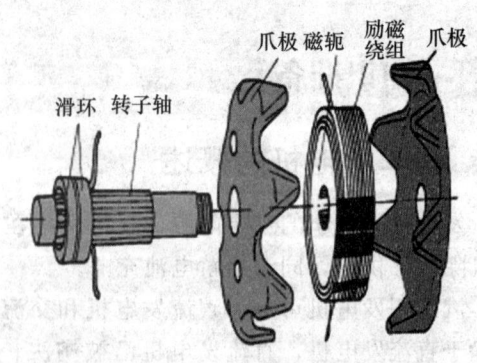

图 5.3.3　交流发电机转子分解图

2. 定子

定子的功用是产生交流电。定子安装在转子的外面，和发电机的前后端盖固定在一起，当转子在其内部转动时，引起定子绕组中磁通的变化，定子绕组中就产生交变的感应电动势。定子由定子铁芯和定子绕组（线圈）组成。定子铁芯由内圈带槽、互相绝缘的硅钢片叠成。定子绕组有三组线圈，对称的嵌放在定子铁芯的槽中。三相绕组的连接有星形接法和三角形接法两种，如图 5.3.4 所示，都能产生三相交流电。

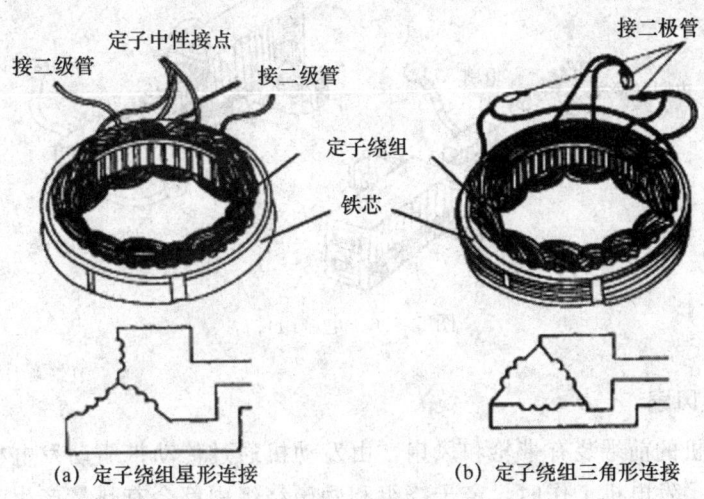

(a) 定子绕组星形连接　　　　　　(b) 定子绕组三角形连接

图 5.3.4 交流发电机定子总成及连接方式

3. 整流器

整流器的功用是将定子绕组的三相交流电变为直流电。整流器由整流板和整流二极管组成，6 管交流发电机的整流器是由 6 只硅整流二极管分别压装（或焊装）在相互绝缘的两块板上组成的，其中一块为正极板（带有输出端螺栓），另一块为负极板，负极板和发电机外壳直接相连（搭铁），也可以将发电机的后盖直接作为负极板。6 只整流二极管分为正极管和负极管两种。引出电极为正极的称为正极管，3 只正极管装在同一块板上，称为正极板；引出电极为负极的称为负极管，3 只负极管安装在负极板上，也可直接安装在后盖上。如图 5.3.5 所示。

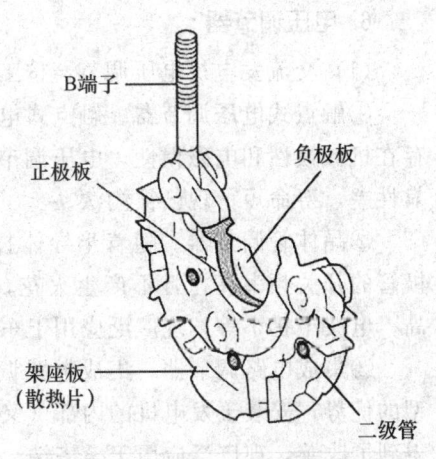

图 5.3.5 整流器结构

4. 端盖及电刷组件

端盖一般分两部分（前端盖和后端盖），起

支撑转子、定子、整流器和电刷组件的作用。端盖一般用铝合金铸造，一是可有效的防止漏磁，二是铝合金散热性能好。

后端盖上装有电刷组件。电刷组件由电刷、电刷架和电刷弹簧组成，如图 5.3.6 所示。电刷的作用是将电源通过滑环引入励磁绕组。两个电刷分别装在电刷架的孔内，借助弹簧压力与滑环保持接触。电刷和滑环的接触应良好，否则会因为磁场电流过小，导致发电机发电不足。

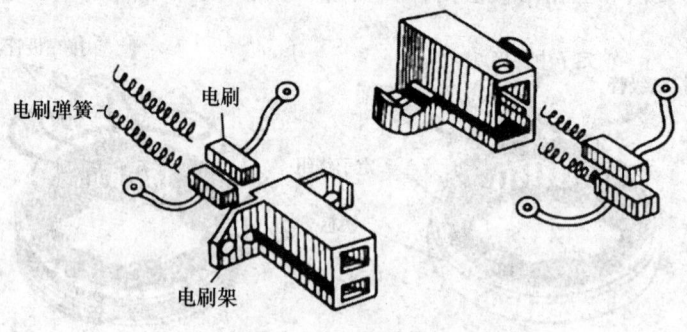

图 5.3.6　电刷组件

5. 带轮及风扇

交流发电机的前端装有带轮和风扇，由发动机通过传动带驱动发电机的转子轴和风扇一起旋转。发电机工作时，定子绕组和励磁绕组中都会有热量产生，温度过高会烧坏导线的绝缘导致发电机不能正常工作，所以为发电机散热是必须的，为了提高散热能力，有的发电机装有两个风扇（前后各一个），如丰田轿车的发电机。

6. 电压调节器

（1）交流发电机电压调节器按工作原理可分为：

①触点式电压调节器。触点式电压调节器应用较早，这种调节器触点振动频率慢，存在机械惯性和电磁惯性，电压调节精度低，触点易产生火花，对无线电干扰大，可靠性差，寿命短，现已被淘汰。

②晶体管调节器。随着半导体技术的发展，采用了晶体管调节器。其优点是：三极管的开关频率高，且不产生火花，调节精度高，重量轻，体积小，寿命长，可靠性高，电波干扰小等，现广泛应用于东风、解放及多种中低档车型。

③集成电路调节器。集成电路调节器除具有晶体管调节器的优点外，还具有超小型的优势，安装于发电机的内部（又称内装式调节器），减少了外接线，并且冷却效果得到了改善，现广泛应用于桑塔纳、奥迪等多种轿车车型上。

④电脑控制调节器。电脑控制调节器是现在轿车采用的一种新型调节器，由电负载检测仪测量系统总负载后，向发电机电脑发送信号，然后由发动机电脑控制发电机电压调节器，适时地接通和断开磁场电路，即能可靠地保证电器系统正常工作，使蓄电池充电充足，又能减轻发动机负荷，提高燃料经济性。上海别克、广州本田等轿车

发电机上使用了这种调节器。

电压调节器按所匹配的交流发电机搭铁形式可分为：

①内搭铁型调节器。适合于与内搭铁型交流发电机所匹配的电子调节器称为内搭铁型调节器。

②外搭铁型调节器。适合于与外搭铁型交流发电机所匹配的电子调节器称为外搭铁型调节器。

在使用过程中，对于晶体管调节器，最好使用汽车说明书中指定的调节器，如果采用其他型号替代，除标称电压等规定参数与原调节器相同外，代用调节器必须与原调节器的搭铁形式相同，否则，发电机可能由于励磁电路不通而不能正常工作。对于集成电路调节器，必须是专用的。

三、交流发电机工作原理

1. 发电原理

如图 5.3.7 所示，发电机定子的三相绕组按一定规律分布在发电机的定子槽中，内部有一个转子，转子上安装着爪极和励磁绕组。

当外电路通过电刷使励磁绕组通电时，便产生磁场，使爪极被磁化为 N 极和 S 极。当转子旋转时，磁通交替地在定子绕组中变化，根据电磁感应原理可知，定子的三相绕组中便产生交变的感应电动势。这就是交流发电机的发电原理。

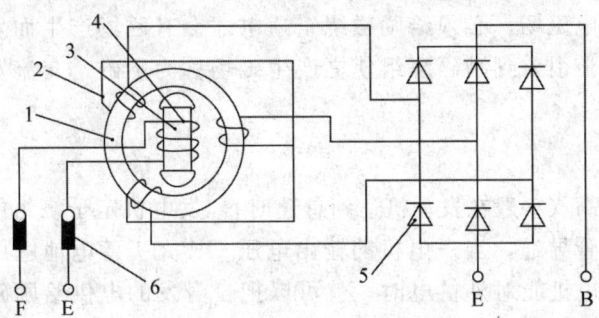

图 5.3.7　交流发电机发电原理示意图

1—定子铁心；2—定子绕组；3—转子；4—励磁绕组；5—整流二极管；6—电刷

2. 交流发电机整流原理

交流发电机定子的三相绕组中，感应产生的是三相交流电，波形图如图 5.3.8（b）所示，是通过 6 只二极管组成的三相桥式整流电路整流为直流电的，整流电路如图 5.3.8（a）所示。

二极管具有单向导通性，当给二极管加上正向电压时二极管导通，当给二极管加上反向电压时二极管截止。将定子的三相绕组和 6 只整流二极管按图 5.3.8（a）的电路连接，发电机的输出端 B、E 上就输出一个脉动直流电压，如图 5.3.8（c）所示，这就是发电机的整流原理。

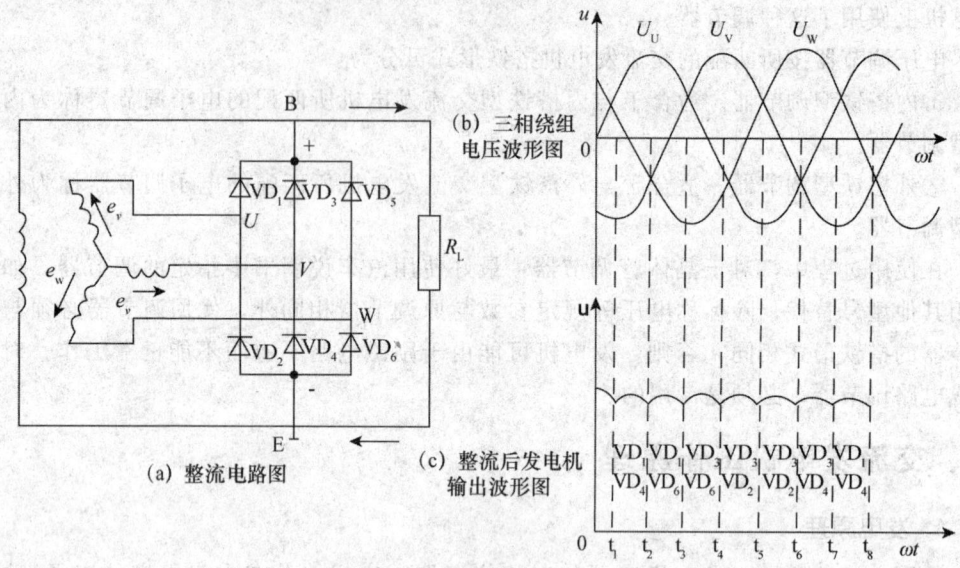

图 5.3.8 交流发电机整流原理

四、交流发电机的励磁

除了永磁式交流发电机不需要励磁以外,其他形式的交流发电机都需要励磁,因为它们的磁场都是电磁场,必须给励磁绕组通电才会有磁场产生而发电,否则发电机将不能发电。将电流引入到励磁绕组使之产生磁场称为励磁。交流发电机励磁方式有自励和他励两种。

1. 自励

随着转速的提高(一般在发动机达到怠速时),发电机定子绕组的电动势逐渐升高并能使整流器二极管导通,当发电机的输出电压 UB 大于蓄电池电压时,发电机就能对外供电了。当发电机能对外供电时,就可以把自身发的电供给励磁绕组,这种自身供给磁场电流发电的方式称为自励发电。

2. 他励

在发电机转速较低时(发动机未达到怠速转速),自身不能发电,需要蓄电池供给发电机励磁绕组电流,使励磁绕组产生磁场来发电。这种由蓄电池供给磁场电流发电的方式称为他励发电。

交流发电机励磁过程是先他励后自励。当发动机达到正常怠速转速时,发电机的输出电压一般高出蓄电池电压 1~2 V 以便对蓄电池充电,此时,由发电机自励发电。不同汽车的励磁电路各不相同,但有一个共同特点是,励磁电路都必须由点火开关控制。

五、发电机控制电路

1. 2013 款科鲁兹发电机控制电路图,如图 5.3.9 所示

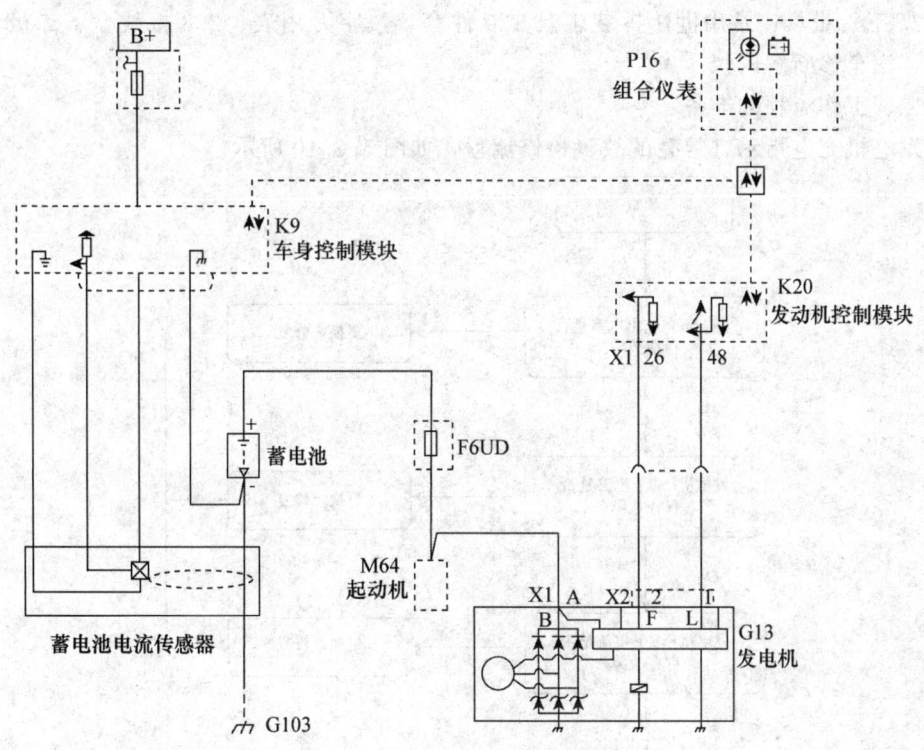

图 5.3.9 发电机控制电路图

2. 电路原理分析

打开点火开关时,充电指示灯亮起。发动机带动发电机发电,发电机的 B 端子产生输出电压,为汽车电气系统提供需要的电能。发动机正常发电时,充电指示灯熄灭,S 端子用来检修蓄电池电压,以使发电机产生需要的电能。

发动机控制模块(ECM)接通发电机控制电路以控制发动机上的发电机负载。发动机控制模块的高电平侧驱动器向电压调节器提供电压,以此来控制电压调节器接通和断开磁场电路。发动机控制模块监测发电机接通控制电路的状态。当点火开关置于 ON 位置且发动机关闭或充电系统发生故障时,发动机控制模块应在发电机接通控制电路上检测到电压过低。发动机运行时,发动机控制模块应在发电机接通控制电路上检测到电压过高。

【任务准备】

一、工、量具及材料的准备

1. 设备及相关物品：举升机、科鲁兹轿车及其维修手册、车内外护套。
2. 工、量具：常用世达拆装工具120件套、数字万用表、208接线盒、二极管测试灯、汽车诊断解码仪。

二、工作流程的准备

发电机充电指示灯常亮的故障检修流程，如图5.3.10所示。

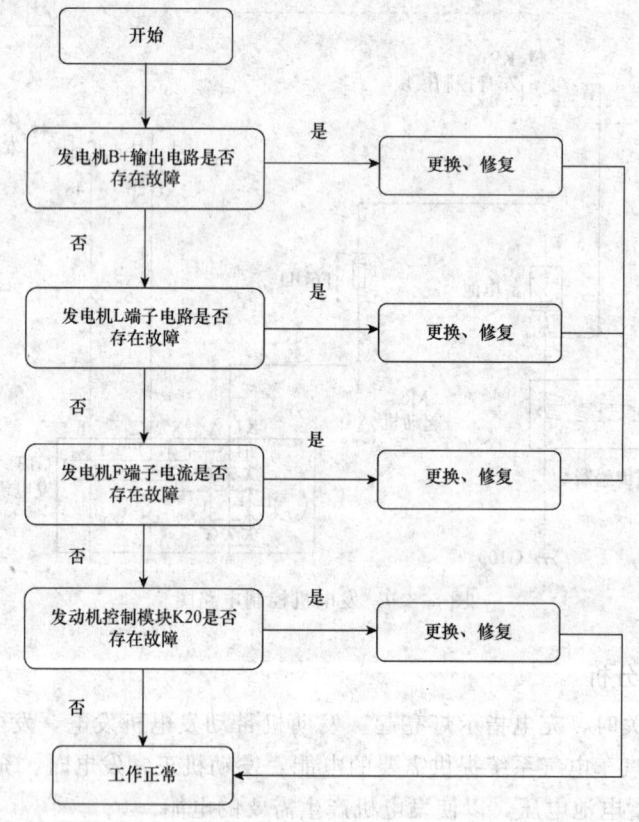

图5.3.10 发电机充电指示灯常亮的故障检修流程

【实施步骤】

一、发电机B+输出电路的检测（2013款科鲁兹，电路见图5.3.9）

1. 确认G13发电机B+输出电路X1端子1和搭铁之间的测试灯点亮。如果测试灯不点亮，测试B+电路是否对搭铁短路或开路或电阻过大。

二、发电机L端子电路的检测

1. 将点火开关置于"OFF（关闭）"位置，断开G13发电机上的X2线束连接器。

2. 将点火开关置于"ON（打开）"位置，测试控制电路端子 X2 的 1 端和搭铁之间的电压是否低于 1 V。如果高于规定范围，则测试控制电路是否对电压短路。如果电路测试正常，则更换 K20 发动机控制模块。

3. 发动机运行时，测试控制电路端子 X2 的 1 端和搭铁之间的电压是否高于 3.5 V。如果低于规定范围，则测试控制电路是否对搭铁短路或开路或电阻过大。如果电路测试正常，则更换 K20 发动机控制模块。

三、发电机 F 端子电路的检测

1. 将点火开关置于 OFF（关闭）位置，断开 G13 发电机上的 X2 线束连接器。

2. 将点火开关置于 ON（打开）位置，确认故障诊断仪上的"ECM Generator F-Terminal Signal（发动机控制模块发电机 F 端子信号）"参数显示小于 5%。如果高于规定范围，测试信号电路端子 2 是否对电压短路。如果电路测试正常，则更换 K20 发动机控制模块。

3. 在 B+端子和信号电路端子 2 之间，安装一条带 3 A 保险丝的跨接线。

4. 确认故障诊断仪上的"ECM Generator F－Terminal Signal（发动机控制模块发电机 F 端子信号）"参数显示大于 95%。如果低于规定范围，测试信号电路端子 2 是否对搭铁短路或开路或电阻过大。如果电路测试正常，则更换 K20 发动机控制模块。如果以上电路全部测试正常，则更换 G13 发电机。

【评价与反馈】

对本学习任务进行评价，如表 5.3.1 发电机充电指示灯常亮的故障检测评分表所示。

表 5.3.1 发电机充电指示灯常亮的故障检测评分表

班级：_____ 组别：_____ 姓名：_____

序号	考核内容	评分标准	配分	得分
1	工量具的使用	使用不正确扣 5 分	10	
2	发电机 B+输出电路检测	检测方法、数据是否正确，错一处扣 5 分	20	
3	发电机 L 端子电路检测	检测方法、数据是否正确，错一处扣 10 分	20	
4	发电机 F 端子电路检测	检测方法、数据是否正确，错一处扣 10 分	20	
5	发动机控制模块的检测	检测方法、数据是否正确，错一处扣 5 分	10	
6	发电机的检查	检测方法、数据是否正确，错一处扣 5 分	10	
7	6S 管理	违反安全文明操作的每一项扣 5 分	10	
8	遵守相关安全规范，因违规操作造成人身和设备事故的，总分按 0 分处理			
9	分数合计			

学习任务 4

汽车喇叭不响的故障诊断与排除

【任务描述】

一辆宝骏 630 轿车，行驶里程 20 000 km，车主反映车辆喇叭不响。现需要维修技工根据维修手册相关要求，在规定时间内排除故障并交付验收。

【学习目标】

一、知识目标
1. 能叙述汽车喇叭的作用；
2. 能叙述汽车喇叭的基本结构及工作原理。

二、技能目标
1. 能够分析喇叭不响故障原因；
2. 能够按技术要求规范排除喇叭不响的故障。

建议学时：4 学时

【知识准备】

一、喇叭的作用

喇叭是汽车的音响信号装置。在汽车的行驶过程中，驾驶员根据需要和规定发出必需的音响信号，警告行人和引起其他车辆注意，保证交通安全，同时还用于催行与传递信号。

二、喇叭的分类及工作原理

汽车喇叭按声音动力分为气喇叭和电喇叭两种；按其外形分为筒形、螺旋形和盆形三种；按发声频率分高音喇叭和低音喇叭两种。

1. 气喇叭

气喇叭的工作原理是利用压缩空气的气流使金属膜片振动而发出声音，因此必须在带有空气压缩机的汽车上方能使用。一般在大客车和重型货车上都装有气喇叭，特别是长途运输车在山区或弯道等地段行驶时，用气喇叭鸣叫，能有效地提醒行人和对方来车驾驶员的注意。因为气喇叭音量大，余音好，声音悦耳且传播较远。气喇叭一般采用筒形，并使用高音与低音两个喇叭联合工作。

2. 电喇叭

电喇叭的工作原理是利用电磁吸力使金属膜片振动而发出声音。它是汽车上广泛应用的一种喇叭，按结构形式分为筒形、螺旋形和盆形三种，一般多制成螺旋形或盆形。

通常使用的电喇叭根据其工作方式可以分为机械式和电子式两种。其中电子喇叭又分为触点式和无触点式两种。触点式电喇叭利用触点的闭合与断开控制电磁线圈中励磁电流的通断，从而使铁芯（或衔铁）以一定频率做上下移动，并带动金属膜片振动而产生声音。无触点电喇叭利用电子线路来控制电磁线圈中励磁电流的通断，使铁芯以一定频率移动，并带动金属膜片振动而产生音响。

电喇叭具有节约能源、结构简单、体积小、质量小、噪声小、保修容易、声音宏亮及音质悦耳等优点。

无触点电喇叭因克服了触点式电喇叭的触点烧蚀、氧化而使喇叭变音的缺点，从而更加耐用。而且它的音色和音量比触点式的要容易调整，因此它是汽车喇叭的发展方向。

三、喇叭的电路分析

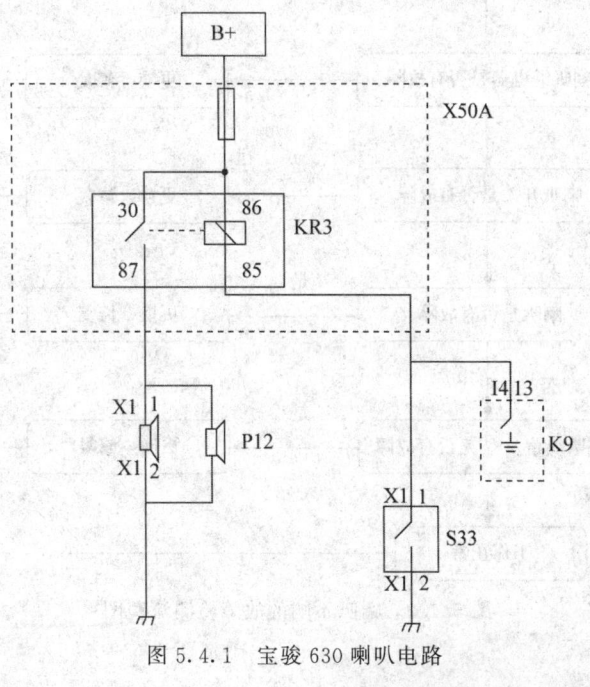

图 5.4.1 宝骏 630 喇叭电路

1. 以宝骏 630 为例，其喇叭电路的基本组成，如图 5.4.1 所示。

宝骏 630 喇叭电路主要由蓄电池、保险、喇叭继电器、喇叭、喇叭开关和相关线路等组成。

2. 喇叭电路的工作原理

喇叭继电器控制回路的工作分析：蓄电池正极——保险（10A）——喇叭继电器线圈——插接器 X201—方向盘安全气囊线圈——喇叭开关——搭铁。

喇叭继电器工作回路的工作分析：蓄电池正极——保险（10A）——喇叭继电器触点——喇叭——搭铁。

【任务准备】

一、工、量具及材料的准备

1. 设备及相关物品：举升机、宝骏 630 轿车及其维修手册、车内外护套。
2. 工、量具：常用世达拆装工具 120 件套、数字万用表、208 接线盒、故障诊断仪、测试灯。

二、工作流程的准备

喇叭不响的故障检测流程，如图 5.4.2 所示。

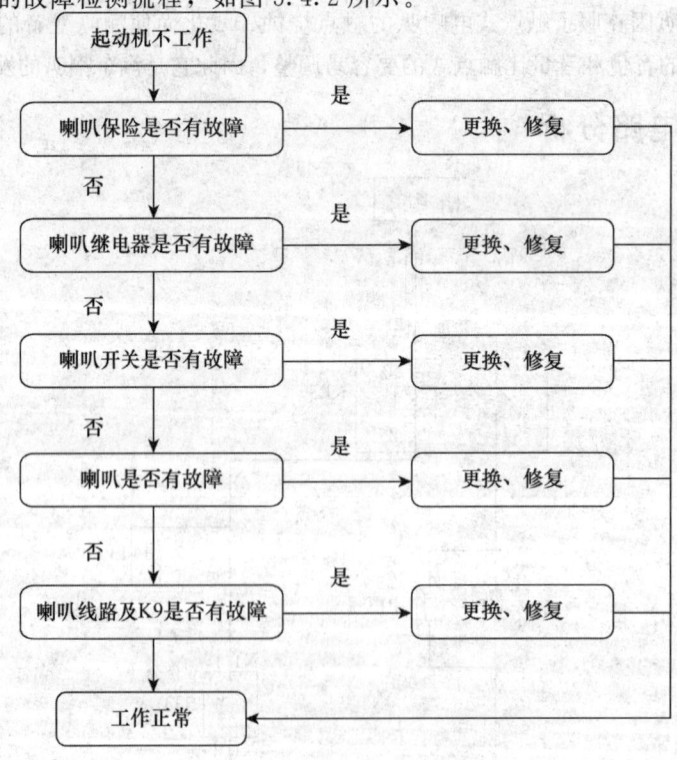

图 5.4.2　喇叭不响的故障检测流程图

【实施步骤】

一、喇叭保险测试

将点火开关置于 OFF 位置，断开喇叭保险，测量保险两端的电阻是否小于 2 Ω。如果大于规定范围，则更换喇叭保险。

二、继电器测试

1. 将点火开关置于 OFF 位置，断开喇叭继电器。
2. 测试端子 85 和 86 之间的电阻是否为 60~180 Ω。如果不在规定的范围内，则更换继电器。
3. 测试以下端子之间的电阻是否为无穷大：

30 和 86

30 和 87

30 和 85

85 和 87

如果不是规定值，则更换继电器。

4. 在继电器端子 86 和 12 V 电压之间安装一条带 30 A 保险丝的跨接线。在继电器端子 85 和搭铁之间安装一条跨接线。测试端子 30 和 87 之间的电阻是否小于 2 Ω。如果大于规定范围，则更换继电器。

三、喇叭开关测试

1. 将点火开关置于 OFF 位置，断开 S33 喇叭开关处的线束连接器。
2. 测试搭铁电路端子 2 和搭铁之间的电阻是否小于 30 Ω。如果大于规定范围，则测试搭铁电路是否电阻过大。
3. 将点火开关置于 ON 位置，测试信号电路端子 1 和搭铁之间的电压是否高于 10 V。如果低于规定值，则测试信号电路是否对搭铁短路或开路或电阻过大。
4. 如果所有电路测试正常，则测试或更换 S33 喇叭开关。

四、喇叭测试

1. 将点火开关置于 OFF 位置，断开 P12 喇叭处的线束连接器。
2. 在控制端子 1 和 12 V 电压之间安装一条带 15 A 保险丝的跨接线。在搭铁端子 2 和搭铁之间安装一条跨接线。确认 P12 喇叭发出清晰均匀的声音。如果鸣响不是清晰并均匀的，则更换 P12 喇叭。

五、喇叭线路测试

1. 断开 KR3 喇叭继电器。
2. 将点火开关置于 ON 位置，确认控制电路端子 87 和搭铁之间的测试灯未点亮。如果测试灯点亮，则测试控制电路是否对电压短路。
3. 确认 B+电路端子 30 和搭铁之间的测试灯点亮。如果测试灯未点亮，则测试 B+电路是否对搭铁短路或开路或电阻过大。

4. 确认 B+电路端子 86 和搭铁之间的测试灯点亮。如果测试灯不点亮,则测试 B+电路是否开路或电阻过大。

5. 断开相应的 P12 喇叭处的线束连接器。

6. 测试搭铁电路端子 2 和搭铁之间的电阻是否小于 1 Ω。如果大于规定范围,则测试搭铁电路是否开路或电阻过大。

7. 连接 P12 喇叭的线束连接器。

8. 在 B+电路端子 30 和控制电路端子 87 之间连接一条带 20 A 保险丝的跨接线。确认喇叭启动。如果喇叭未启动,则测试控制电路是否对搭铁短路或开路或电阻过大。如果电路测试正常,则测试或更换喇叭。

9. 在 B+电路端子 86 和控制电路端子 85 之间连接一个测试灯。

10. 按下并松开方向盘上的喇叭按盘。在指令状态之间切换时,测试灯应点亮或熄灭。如果测试灯始终点亮,则测试控制电路是否对搭铁短路。如果电路测试正常,则检查 S33 喇叭开关是否堵塞。如果测试灯始终熄灭,则测试控制电路是否对电压短路或开路或电阻过大。如果电路测试正常,则检查 S33 喇叭开关是否开路。

六、K9 车身控制模块测试

1. 将点火开关置于 OFF 位置,断开 KR3 喇叭继电器。

2. 在 B+电路端子 86 和控制电路端子 85 之间连接一个测试灯。

3. 点火开关置于 ON 位置,用故障诊断仪指令喇叭继电器通电和断电。在指令状态之间切换时,测试灯应点亮或熄灭。如果测试灯始终熄灭,则测试控制电路是否对电压短路或开路或电阻过大。如果电路测试正常,则更换 K9 车身控制模块。如果测试灯始终点亮,则测试控制电路是否对搭铁短路。如果电路测试正常,则更换 K9 车身控制模块。

【评价与反馈】

对本学习任务进行评价,如表 5.4.1 喇叭不工作的故障检测评分表所示。

表 5.4.1 喇叭不工作的故障检测评分表

班级:_____ 组别:_____ 姓名:_____

序号	考核内容	评分标准	配分	得分
1	工量具的使用	使用不正确扣 5 分	10	
2	保险丝的检测	检测方法、数据是否正确,错一处扣 10 分	10	
3	喇叭继电器的检测	检测方法、数据是否正确,错一处扣 10 分	10	
4	喇叭开关的检测	检测方法、数据是否正确,错一处扣 10 分	10	
5	喇叭的检测	检测方法、数据是否正确,错一处扣 10 分	10	
6	继电器至保险的线路检测	检测方法、数据是否正确,错一处扣 5 分	5	
7	继电器至喇叭的线路检测	检测方法、数据是否正确,错一处扣 5 分	5	

续 表

序号	考核内容	评分标准	配分	得分
8	继电器至开关的线路检测	检测方法、数据是否正确,错一处扣5分	5	
9	喇叭至搭铁的线路检测	检测方法、数据是否正确,错一处扣5分	5	
10	喇叭开关至搭铁的线路检测	检测方法、数据是否正确,错一处扣5分	5	
11	控制模块的检测	检测方法、数据是否正确,错一处扣5分	510	
12	6S管理	违反安全文明操作的每一项扣10分	2010	
13	遵守相关安全规范,因违规操作造成人身和设备事故的,总分按0分处理			
14		分数合计		

学习任务 5

发动机无法起动的案例分析

【任务描述】

一辆宝骏 630 轿车,行驶里程 20 000 km,车主反映车辆出现无法起动现象。现需要维修技师根据维修手册相关要求,在规定时间内排除发动机无法起动的故障并交付验收。

【学习目标】

一、知识目标
1. 能叙述发动机电控系统的组成;
2. 能叙述发动机无法起动的检测流程。

二、技能目标
1. 能够分析发动机无法起动的故障原因;
2. 能够按技术要求规范排除发动机无法起动的故障。

建议学时:6 学时

【知识准备】

一、发动机电控系统的组成及工作原理

发动机电控系统主要由传感器、电子控制组件(ECU)、执行器 3 个部分组成。传感器作为输入部分,用于测量物理信号(温度、压力等),将其转换为电信号;ECU 的作用是接收传感器的输入信号,并按设定的程序进行计算处理,输出处理结果;执行器则根据 ECU 输出的电信号驱动执行机构,使之按要求变化。

二、发动机无法起动的诊断流程

1. 询问发生情况

了解故障发生的时间、发生条件（如气候条件、道路状况及发动机工况等）；故障现象或症状；故障发生频率；是否进行过检修以及检修过哪些部位等。找出故障的依据，以作为验收参考。

2. 外观检查及故障再现

即试车和外观检查。试车进一步证实用户所讲的故障现象，使自己心中有数，根据具体情况，具体分析，并做出正确判断，因为有时候用户所讲的故障现象不够清楚。外观检查可以查出比较明显的故障。如检查电气与电子控制系统的部件有无丢失；电气线路的连接器或接头有无松动脱接；导线有无断路、搭铁、错接及烧焦痕迹，管路有无折断、错接或凹瘪等。

3. 进行基本检查

即燃油供给系统、空气供给系统和点火系统的基本检查。

4. 读取故障代码

当以上三步无法解决问题时就必须进行这一步。根据具体情况，选择用随车诊断或车外诊断读取故障代码。如果有故障代码，就按故障代码表指示的故障原因和部位逐一排除故障。如果没有故障代码，但故障症状依然存在，就根据现象，联系原理，进行推理分析，确定故障所在可能部位（也可以参看有关资料上的"故障征兆表"）。同时还可以用模拟试验来判断，尽量缩小故障范围。

5. 故障代码清除

如果按上述程序诊断检查仍不能排除故障，说明发动机可能有机械故障和其他故障。检修排除故障后，必须进行故障代码清除。最后试车检验，证实故障是否已排除。否则重新诊断故障并排除。

三、发动机无法起动的诊断方法

对于电控汽车发动机无法启动，要从点火系统、燃料供给系统、空气供给系统、机械方面和 ECU 等几方面来考虑、分析和判断。具体操作步骤如下：

1. 检查点火系统

（1）检查各缸是否有火。拆下火花塞，将分缸线插接上火花塞并搭在缸体上，启动发动机，观察跳火情况是否正常。也可以用正时灯夹住各缸高压线，观察正时灯的闪烁情况。还可以用点火测试仪进行检查。

（2）有分电器的汽车，如果分缸线无跳火，还要进一步检查中央线是否有火。若中央高压线有火而分缸线无火，则说明是分电器故障，应给予更换。若中央高压线也没有火,则需要进行如下检查。

(3) 检查继电器和保险丝是否良好,否则更换新件。

(4) 检查点火线圈。拔下点火线圈插头,检查点火线圈初级、次级线圈的电阻是否符合标准,否则更换。

(5) 检查点火器。检查点火器的电源及搭铁;检查ECU对点火器的脉冲信号;功率晶体管是否导通和截止。

(6) 检查控制点火的传感器。检查发动机的曲轴位置传感器、凸轮轴位置传感器和转速传感器,可同时检查空气流量传感器或进气压力传感器等。如果确定传感器故障,就更换新件。不能确定的,就先检查传感器到ECU的线路是否导通和ECU给传感器的电源电压。

(7) 初步外部观察、检查ECU。外部观察、检查ECU是否有变形、泡水、烧焦等现象。

2. 检查油路

(1) 检查是否有油。拆下燃油分配管与进油管的连接处,打开点火开关(不起动),观察是否有油来。若无油来,则应进一步检查燃油系统相关元件及其电路。首先检查EFI保险丝、EFI继电器,再检查油泵及其电路。若均良好,则应进一步检查曲轴位置传感器、凸轮轴位置传感器、空气流量传感器、进气压力传感器以及ECU。若有油,就检查油压是否符合标准。在燃油滤清器到喷油器之间断开并接上油压表,启动发动机,观察油压应在200~300 KPa之间,否则进一步检查燃料供给系统相关元件,即燃油泵、滤网、喷油器、燃油滤清器等。

(2) 检查喷油器。①电阻检测。低电阻型电阻应为1~3 Ω,高电阻型电阻应为13~18 Ω。如果电阻为无穷大,则应更换新的喷油器。②电压的检测。把点火钥匙打到ON档,应有12V左右的电压。③控制脉冲的检测。拆下喷油器插头,并在插头上接上LED灯,启动发动机,LED灯应闪烁。如果LED灯不闪烁或不发光,说明喷油器电源电路、燃油泵继电器或ECU故障。④喷油器的堵塞和滴漏检查。

3. 检查气路

气路检查主要包括:空气滤清器是否堵塞;怠速控制阀是否关闭或卡死;真空管是否脱落;各种连接卡箍是否拧紧。

4. 检查机械部分

首先看发动机是否能转动,然后用缸压表检查气缸压力,若缸压不在800~1 300 kPa范围或压差超过标准,则要检查配气正时、缸垫、正时皮带、活塞环密封性、气门密封性等。

5. 检查电脑(ECU)

首先进行外观检查,是否有变形、烧伤、泡水、插脚折断等;然后检查线路;检查电源及搭铁,必要时进行解体检查。

实践证明，汽车电子控制系统故障绝大多数都发生在传感器、执行器、连接器和线束等元件上，ECU出现故障的可能性很小，汽车行驶10万公里，ECU故障约占总故障的1‰。因此，检查排除电子控制系统故障主要是检修零部件、连接器和线束。只有确认所有零部件正常之后，才能判定ECU故障。

四、发动机无法启动的故障案例分析

1. 奇瑞东方之子发动机无法起动故障分析

（1）故障现象：接车后进行试车，经检查确实无高压、无喷油信号，怀疑曲轴位置传感器有故障，经检查未发现异常。用解码器读取故障码，显示系统正常。

（2）故障诊断排除：用解码器进入元件测试系统。该系统可操作冷却风扇低速运转、EGR阀、碳罐电磁阀、油泵继电器以及断开1～4缸喷油器等功能。用解码器操作冷却风扇时，风扇能低速运转，操作EGR阀和炭罐电磁阀都能听到"咔"的一声（电磁阀的工作声）。操作油泵继电器时，听不到油泵运转声。怀疑油泵继电器有问题，检查后认为是正常的，在继电器座处测量继电器30号端子对应孔与地有电。再将30号端子对应孔和87号端子对应孔用导线短接后，可听到油泵运转声，同时测量点火线圈和喷油器上的火线都有电了，说明两者的供电都由油泵继电器提供。该车的点火线圈和放大器是制为一体的，有一个三孔插头与其连接，三孔中的三根线分别为信号线（来源于电控单元）、接地线、电源线（来源于油泵继电器），经检查未发现异常。

（3）故障分析：认为电控单元有问题。询问驾驶员得知，现在车上的电控单元是被换过的。原因是原车控制2、3缸的点火线圈都点火，控制1、4缸的点火线圈不工作，所以才将电控单元换下来了。在这期间，控制1、4缸的点火线圈（点火模块和点火线圈为一体式）也换过。最后将原车的电控单元装上，用解码器进入元件测试系统，除了其他元件都工作外，油泵继电器也工作了。启动车时，车能被启动着。由于1、4缸不工作，发动机出现严重抖动，从而导致电控单元损坏。

2. 吉利自由舰发动机不能起动故障分析

（1）故障现象：该车每次启动后会立即熄火，连续多次启动后便使火花塞淹死，无法起动。

（2）故障诊断与排除：

1) 打开点火开关，调取发动机故障码，结果无码。

2) 启动发动机，测试4个缸火花塞点火均正常，检查燃油压力及喷油脉宽正常，汽缸压力也在允许范围内，由此排除了个别缸不工作的可能。

3) 检查发动机电控系统，最初考虑为怠速控制系统故障，但启动时略加油门故障依然存在，故排除怠速控制系统有故障的可能。

4) 因考虑到ECU接受进气量的信息是由进气压力温度传感器传导，故断开该传感器插接头再次启动试验，发动机启动正常，怠速转速略有提高（1 000 r/min左右），但不会熄火。

5）由此判断为进气压力传感器损坏，更换进气压力传感器后试车，结果故障依旧。

6）调整思路后检测传感器线束，拔下传感器连接插头，打开点火开关，用数字万用表电压挡测量各导线电压，结果1号线（接地线）电压为0，2号线（温度传感器信号线）电压为5V，3号线（压力传感器供电线）电压为0，4号线（压力传感器信号线）电压为6V，由此说明，3号线与发动机控制单元间线路断路，正常应为5V。找到导线断路处接好后，故障排除。

（3）维修小结：

经询问，车主以前曾试图用力去拔进气压力温度传感器插头，由于不懂开关原理结果没有拔下，但由于用力过大的去拉线束，结果导致3号线绝缘皮内铜丝脱落使线路断路。3号线断路后，进气压力传感器失去5V供电电压，结果导致发动机启动时控制单元接到4号线信号电压减小为0.5V以下，控制单元误以为进气歧管真空度急增而增大了喷油量，最终导致混合汽过浓而使发动机熄火；但若把传感器插头拔下，控制单元则会采用备用值来计算喷油量，故而发动机不会熄火。

【任务准备】

一、工、量具及材料的准备

1. 设备及相关物品：举升机、宝骏630轿车及其维修手册、车内外护套。

2. 工、量具：常用世达拆装工具120件套、数字万用表、208接线盒、二极管测试灯、汽车诊断解码仪。

【实施步骤】

1. 检查蓄电池电压是否正常，不正常则充电或更换蓄电池。
2. 用诊断仪读取故障码，如果有故障码，就根据故障码寻找故障位置，排除故障。
3. 检查发动机防盗系统是否起作用，如果起作用就解除防盗系统。
4. 检查起动机运转是否正常，不正常则排除起动机故障。
5. 检查油箱是否有燃油，是否有严重漏油、漏气、真空泄漏、进气管路堵塞及电器、蓄电池接头是否有松动现象。有故障则排除。
6. 检查高压火是否正常，不正常则排除点火系统故障。
7. 检查火花塞是否正常，不正常则维修或更换。必要时检查缸压是否正常。
8. 检查油泵是否工作，不工作则更换油泵或检修油泵控制电路。
9. 检查喷油器是否正常工作，不工作则更换或检查线路和ECU。
10. 检查点火提前角是否正常，不正常则更换ECU或检修机械故障。

【评价与反馈】

对本学习任务进行评价，如表 5.5.1 发动机无法起动的故障检测评分表所示。

表 5.5.1　发动机无法起动的故障检测评分表

班级：_____　　组别：_____　　姓名：_____

序号	考核内容	评分标准	配分	得分
1	工、量具的使用	使用不正确扣 10 分	10	
2	叙述各传感器的名称、安装位置及作用	不能回答或漏答，每个扣 5 分	20	
4	正确读取故障代码	读取方法是否正确，错一处扣 5 分	10	
5	根据故障现象及故障代码确认故障部位	确认故障位置错误，每一处扣 5 分	20	
6	故障排除	测量方法、数据是否正确，错一处扣 5 分	20	
7	验证排除效果及进行故障码消除	验证方法不当，错一处扣 5 分	10	
8	6S 管理	违反安全文明操作的每一项扣 5 分	10	
9	遵守相关安全规范，因违规操作造成人身和设备事故的，总分按 0 分处理			
10	分数合计			

参考文献

[1] 朱军. 汽车故障诊断方法 [M]. 北京：人民交通出版社，2008.
[2] 戴耀辉，于建国. 汽车故障诊断与检测技术 [M]. 北京：机械工业出版社，2007.
[3] 覃雨亮. 汽车电控发动机检测与维修工作页 [M]. 北京：现代教育出版社，2014.
[4] 刘学. 汽车电控发动机检测与维修 [M]. 武汉：中国地质大学出版社，2014.
[5] 戴宽强. 汽车底盘拆装与维修 [M]. 武汉：中国地质大学出版社，2014.
[6] 刘锋. 汽车底盘拆装与维修实训 [M]. 北京：中国劳动社会保障出版社，2011.